رواية

بطن الحوت

الطبعة ثانية

سنغافورة - 2014

صونيا عامر

PARTRIDGE

A Penguin Random House Company

ISBN:	Hardcover	978-1-4828-9033-4
	Softcover	978-1-4828-9034-1
	Ebook	978-1-4828-9035-8

To order additional copies of this book, contact
Toll Free 800 101 2657 (Singapore)
Toll Free 1 800 81 7340 (Malaysia)
orders.singapore@partridgepublishing.com

www.partridgepublishing.com/singapore

"بطن الحوت" وأحلام الخلاص العبثي

فراس حج محمد/ فلسطين

بحساسية النقد بدأت بقراءة رواية الكاتبة اللبنانية صونيا عامر "بطن الحوت"، ولكن جماليّة النص سرقتني من ذلك الإحساس إلى إحساس بالمتعة والتذوق الفني الخالص، وكلما حاولت السيطرة على القراءة بوعي النقد تفلت مني إلى السريان مع أعصاب الرواية والجريان في دهاليزها ومحاولة السير على الأسلاك الشائكة وفي حقل ملغم دون أن أفقد شيئا من رؤيتي النقدية، حاولت ذلك مرارا وفي كل مرة يتهرب مني النقد لصالح المعمار الفني الجميل والطريف لهذه الرواية المكثفة.

صفحات قليلة ولكنها لا تؤخذ بسهلة الحكاية، فيها حيوات كثيرة، وأفكار متعددة سياسة واجتماعية وفلسفية ووجودية، وتركت الكاتبة في الرواية بؤر تثوير لغوي، لتشاركها أيها القارئ صنع روايتك أنت، فلعلك تجد نفسك متجسدا في إحدى شخصياتها، تلك الشخصيات التي أضنتها فكرة الوجود، وربما بحث عن خلاصها بغير وسيلة، حتى وإن كانت بالموت نفسه، كأن الرواية تقول:

1

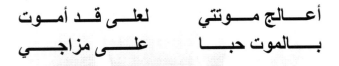

أعـالج مـوتتي   لعلـى قـد أمـوت

بـالموت حبـا   علــى مزاجــي

رواية "بطن الحوت" رواية بنَفَس مختلف وطعم مختلف، فيها من المرارة ما يدعوك لمجابهة النفس، وفيها من الأفكار ما يجعلك تحاسب ذاتك وما صنعت يمينك في هذه الحياة، فإما أن تكون واحدا من هؤلاء الألف الموهومين الباحثين عن سعادة موهومة، وإما أن تصنع حياتك بفكرة صلبة متوهجة نحو النور والعلا، لتكون مصباح نفسك ودليل روحك لخلاص بشري كامل بعيد عن الكارثة وموت كارثيّ إن بقيتَ تدور مع الدائر في دوائر الحياة المفرغة دون نتيجة، فلا نقول بأن الحياة عبث ومجون ولكنها قرار نصنعه أنا وأنت.

2

مقدمة:

كـان يـا مـا كـان فـي قديم الزمـان خرافـة فـي عمـق المحيط تـدعى "بطـن الحـوت" يتسـع لــ 1000 شخص، نصفهم نساء والنصف الآخر رجال، و كل المـوجـودين فـي بطـن الحـوت يجـب أن يكونوا متنكرين، و أن يكونوا متزوجين، بشرط أن يكونوا مرتدين ثيابا جديدة لم يسبق للـزوج أو الزوجـة رؤيتها من قبل، و يجب أن يصل كل منهم منفردا، بحيـث لا يـتمكن الـزوج أو الزوجـة مـن ملاحظـة الثوب الجديد الذي يلبسه الزوج أو تلبسه الزوجة.

تبـدأ الحفلـة، و يبـدأ المـدعوون بالانشـراح غيـر المشروط فهم في بطن الحوت، لن يـرى أحدهم الآخر لاحقا ولن يعرف أي منهم الآخر حتى خلال الحفل. و كذلك لا يحق للحضور التكلم بنفس نبرة الصوت ، حيث أن النبرة يمكن أن تؤدي إلى معرفة هويـة الشـخص، وذلك خطـر حيـث سيقوم الشـريك برميـه فـي البحـر، هذا هـو شرط اللعبـة. تحـاول النسوة كما يحاول الرجال التنكر بشتى أنواعـه، فـي الحركة فـي الضحكة وحتـى فـي المشـروب المفضل أو أنـواع الطعـام، فـالأمر خطيـر للغايـة و النهايـة معروفة و محتومة و لا تحتمل الخطأ.

3

تسير الأمور على خير ما يرام، و يتمنى الجميع أن يمضي بقية حياته في بطن الحوت، و ألا يخرج منه أبدا. بعد مضي عدة ساعات، تبدأ النساء بالتململ و الرجال بالنعاس فهم جميعا يرغبون بالعودة إلى البيت، يرغبون بالنوم فقط النوم أو ربما بعض الحب. ولكنهم غير مخولين بالخروج فالخلاص الوحيد هو أن يبقوا متخفين إلى ما لا نهاية، فهناك لا زمن يمر ولا أناس تشيخ أو حتى تموت. ما الحل؟ ، تبدأ النساء بالتفكير كل على حدة، منهن من تقررن الاستمتاع بشكل عفوي طبيعي فتبدأن بالتعرف إلى الأشخاص الآخرين، غير مباليات بقوانين اللعبة، محاولات فقط تغيير نبرة الصوت والعادات الخاصة بهن، تنجح النسوة و منهن من تنجحن بمهارة، و لم لا ، ففي ذلك فرصة لتغيير حياتهن الرتيبة.

أما الرجال فهم في غاية السعادة فالوقت قد حان لتغيير الشريكة، و هم بذلك يسدون خدمة للسيدات اللواتي تحاولن جاهدات التنكر لأصولهن. يقع العديد بالحب، و يشكر العديد الله على إرسالهم إلى بطن الحوت غير آبهين بمخلفاتهم على هذه

4

الأرض، فالأولاد يكبرون و المال ينتهي و العمر ينقضي و لا شيء يستأهل الأسف. تعارف الجميع إلى بعضهم البعض، و باتت الأسماء مرتبطة بالأقنعة أو التي أعلنت عنها أصحاب تلك الأقنعة. و مرت شهور وسنون و غزاة بطن الحوت فرحين مرحين، فهناك لن يولد أطفال يدخلون مدارس، ولن يعمل الكبار ليتمكنوا من الزواج، و لن يشيخ أحد ليموت، هناك الحياة عبارة عن حفل دائم لا يتوقف. حدث ذات مرة أن أحد الرجال عرف زوجته، كان يكن لها قدرا كبيرا من الحب، و بوحي من حبه تعرف عليها من رائحة ميزت جسدها فهو يصف تلك الرائحة بالعنبر، لم يشر الزوج المسكين إلى ذلك خوفا منه على حياتها، فهي سوف ترمى في البحر لعدم حرصها و فشلها في التنكر، فكبت شوقه واكتفى بمشاهدتها تسرح وتمرح.

مرت سنينٌ وسنين و لم يشعر أحد منهم بالتعب أو المرض فهم تواقون للحرية و الحب، و لم يرمى منهم أحد في البحر فالكل قام بالتخفي بالقدر الكافي للاستمرار و لكن، سرعان ما تبدل الحال فجأة، بدأ الملل بالتسرب إلى الموجودين، قاوموا التعب و

قاوموا المرض والنعاس وقاوموا شوقهم لحياتهم السابقة، و لكنهم لم يعلموا كيفية التخلص من مشكلة الملل، فلقد حب بعضهم بعضا و كره بعضهم بعضا و بدأت المشاكل في الظهور، كأنهم لم يدخلوا قط بطن الحوت، و حين ضاقوا ذرعا بوهم الخلد قرروا جميعا الانتحار، فقفز جميعهم إلى البحر، كما و صادف بعضهم بعضا على اليابسة ، حيث نجا بأعجوبة.

الجزء الأول:

حلى متحمدة، أحمدك يا رب أخيرا انعتقت، لكم طال انتظاري لدرجة أني كدت أشك بالمعجزة، فأنا حين دخلت تلك الجمعية السرية العجيبة كانت لعبة للتسلية، ولم أكن لأتخيل بأن الربّ وضعها في طريقي سبيلا للخلاص. كانت حلى بالثلاثين من عمرها متزوجة رغما عنها مع أنها هي من أرغمت نفسها على الزواج بذلك الثري المعروف. حلى حلوة كاسمها ممشوقة القوام شقراء اللون ذات عينين زرقاوين وشعر أشقر فاتح تحسبها فرنسية الأصل. أنجبت حلى بنتا وولداً فبريستيجها لا يسمح لها بإنجاب المزيد من الأطفال فهي لن تخضع لعمليات التجميل مجرد شفط الدهون وشد جلدة البطن المترهلة، فهي مع كل الحمية التي تتبعها خلال حملها تكسب وزنا يكاد يكون خياليا يزيد على ثلاثين كيلو، حيث تصاب بما يسمى سكري الحمل الذي يشعرها بالجوع طوال الوقت، مما يؤدي إلى تجمع السوائل في جسمها أو ما يدعى الزلال، ولكن - ولله الحمد- فهذا لا يؤثر على الطفل الذي يولد كما البدر حتى إن آدم ابنها ولد بوزن خمسة كيلوغرامات لدرجة أن الأطباء خافوا من أن

يكون لديه مرض السكري. حلى تصرّ بأن جمالها طبيعي 100 % فوجهها الملائكي لا يحتاج لأي تجميل. تزوجت حلى بعمر الثاني والعشرين من عمرها حال تخرجها من الجامعة المرموقة التي تعلمت فيها وتخرجت منها بمعدل جيد جدا من قسم علم النفس، فحلى على رغم من جمالها الخارق إلا أنها إنسانة حساسة للغاية وطموحة، كما وأنها تحب الشهرة والمال. فهي توجت ملكة جمال الجامعة للسنة الفائتة، كما وأنها ترشحت لمنصب ملكة جمال لبنان إلا إنها سحبت ترشيحها في اللحظة الأخيرة بناء على نصيحة خطيبها الرجل الثري ووالدتها التي ذكرتها بمقتل سوزان تميم ونهايتها المحزنة، فخافت مما ستواجهه فيما لو دخلت هذا المجال من قرصنة من قبل وكالات عروض الأزياء إلى الضغوطات المهولة من قبل بائعي الجميلات. تعرفت حلى على زوجها في حفل جامعي، كان ذلك بداية العام حين قامت بتمثيل دور إيزيس في مسرحية سميت آلهة الحب. فالسيد المرموق ذات الشهرة الكبيرة المحلية والعالمية وذات المال والجاه هو عضو مجلس إدارة في الجامعة وله فيها 60 % من الأسهم كونه الممول الأكبر للجامعة لما تحمل في طياتها من انتماء

سياسي يخدم توجهه، فمن يعلم ربما اقتضت حاجة العمل دخوله خضم السياسة يوما ما، كل شيء وارد.

حلى ابنة عائلة متواضعة ولم يكن دخولها هذه الجامعة المرموقة محض صدفة أو وفرة من حظ، لا بل كان ثمنا لتضحية كبرى قدمتها منى والدة حلى حين باعت قطعة الأرض   التي ورثتها عن أمها فهي لا أخوة لديها تتقاسم معهم الميراث، وقطعة الأرض   هذه أنقذت العائلة لثمنها الباهظ كونها على الطريق الدولي ظهر البيدر. لحلى أخوات ثلاث يصغرنها سنا   فهي   الكبرى، والمحاولات الثلاث جئن نتيجة الولد المرتقب ولكن دون جدوى فمحاولات والديها باءت بالفشل الذريع الذي نتج عنه هذه العائلة المكونة من أربع بنات، الأم مدرسة محالة على التقاعد ووالد موظف يشقى الشهر بكامله ليؤمن مصروف البيت والبنات، فوزارة المواصلات لم تنصف يوما سُعاة البريد.

الجامعات الجيدة لم تعد وهما بعيد المنال لأخوات حلى؛ فالصهر المقتدر كان سندة الظهر وهو يستميت في سبيل أم آدم وأهلها بيت حماه. ولكن عبثا حلى حاولت تعبئة وقتها الفارغ فهي لا تعمل

وليست بحاجة للعمل وارتباطاتها الاجتماعية وحفلاتها ورعايتها لدور الأيتام والمسنين وتوزيع الصدقات على المعوزين لا تسمح لها بتفريغ ثماني ساعات للعمل حتى ولو في شركة من شركات زوجها المصون. ولكن، لطالما أحست بأن شيئا ما ينقصها، فزادت ساعات الرياضة القاتلة، فبرنامجها يحتوى الايروبكس المشي الجري والسباحة، كما أدخلت على برنامجها اليوغا وساعات التأمل والتواصل الروحي إلى أن وصلت إلى مرتبة متقدمة جدا في هذا المجال حيث كانت تجد نفسها مما أوصلها إلى تلك المجموعة الرائعة التي أدخلتها بطن الحوت، جنة الخلد كما يسمونها. كما ولطالما كانت الرغبة بالاتصال بذاك الشاب الوسيم تراودها . تعود حلى بالذاكرة إلى اليوم الذي تعرفت فيه على ذاك الشاب الوسيم، كان هو يومها رئيسا لفرقة كشفية تابعة لحزب داعم للجامعة يزور الجامعة باستمرار لإقامة المهرجانات والمشاركة بمسرحيات لطالما كانت حلى تلعب دور البطولة فيها فهي بارعة في أداء الإدوار الرقيقة ذات المغزى مما سبب لها الكثير من المشاكل مع البنات زميلاتها الأقل جمالا وخفة دم، الغيرة وما غير الغيرة، تبتسم حلى كفرس لطالما ربح صاحبها

الرهان على فوزها، وتعود بالذكريات لكلمات لن تنساها أبدا، كانت قد سمعتها من أقرب صديقة لها، "لو لم تكوني بهذا الجمال لكانت حياتي أفضل حلى!" . ذاك الشاب لم يكن ليقل جمالا عن حلى كما وينتمي لنفس الطبقة الاجتماعية الكادحة، مع الفارق البسيط بينهما أنها تطمح دوما بالسير إلى الأمام بينما هو متشبث بمبادئه. إلى أن جاء سعيد الحظ، السيد/ ماهر الذي أصبح رئيس مجلس إدارة بفضل آخر تبرع قام به للجامعة والذي فاق النصف مليون دولار، ماهر خريج السوربون، فرنسي الثقافة ومدير لبنك المرموق.

لم تأخذ مهمة الإعداد للزواج وقتا ففي غضون ثلاثة أشهر كانت كل الترتيبات جاهزة ، شقة في الداون تاون، عفش خشبي من إيطاليا وسجاد من إيران، الستائر الإيطالية واللوحات العالمية، فستان الفرح الفرنسي، فهي لم تكن لترضى بأقل من ايف سان لوران. السيارة اودي فهي لطالما أحبت الاودي دون سواها كونها ماركة جديدة تشبه طبعها المتجدد دائما. أما الحفل فكان في الفينيسيا مع أنه خطر على بالها حينها إقامة حفل فرحها على شواطئ ميامي كما هو معمول به مؤخرا، لكنها

11

فضلت تقليص بعض المصاريف للاحتفاظ بها كمساعدة لأخواتها اللواتي يحتجن دخول الجامعة المرموقة. فحلى لطالما شاركت فرحتها مع الآخرين، لم تك يوما أنانية. حتى قائمة المعازيم وبطاقات الدعوة فلقد أعدت من ورق البردي التي تذكرها بطبعها الفرعوني وعشقها لتلك الحضارة، كما ولفت بطاقات الدعوة بالمخمل والحرير الصيني، تدلت منها ليرة ذهبية حفر عليها اسمي العروسين لتكون ذكرى ونوعاً من رد الهدية لمن سوف يتكلف بتقديم هدية الفرح لهما.

لا تنكر حلى أنها أمضت أياماً سعيدة، سعيدة جدا، فلقد لفت العالم، روما، باريس، نيويوك، وغيرها ولم يبقَ غير أستراليا التي كانت تعدّ العدة للتمتع بشمسها الدافئة شتاء لولا رحلة الحوت المفاجئة التي قلبت الأمور رأسا على عقب.

ولكنها كانت وفي كل مرة تزور فيها بلدا ترى نفسها إنسانا آخر، شخصا جديدا تكاد لا تعرفه، لم تكن حلى لتستطيع اصطحاب ولديهما في كل رحلة تسافرها فآدم وتمارا لهما طقوسهما وهما ما زالا صغيرين عل فهم هذه الحياة الغريبة العديمة الاستقرار.

ولذلك فهما يقضيان معظم وقتهما مع الجدة الشغوفة بهما والتي تفرغت تماما لهما بعد استقالتها المبكرة من وظيفة التدريس بسبب آلام الديسك التي باتت تؤرقها، فهي من خدمت أسرتها، ولم تكن الخادمات يومها متوفرة بسهولة كما اليوم. أما اليوم فبوجود آدم وتمارا فالجدة منى كادت تقيم إقامة شبه دائمة في شقة الداون تاون لولا التزاماتها الزوجية التي باتت شبه معدومة لتقدم السن، أو لربما لكمٍّ مهول من إحباطات تجمعت لتتحجر في عمق ذاك الرجل الحنون، رياض، أبو حلى.

أحمد الله أن أمي وافقت على الإقامة الدائمة في شقتي، تقول حلى حيث أنني سأخوض تجربة بطن الحوت ذات طبيعة اللا عودة التي تحتويها والتي أصرّ عليها أكثر من أي وقت مضى، لكم دهشت حين فاجأت منوش والدتي بقراري الميمون، توقعت دهشة عويلا وتهديدا، لكن ما حصل كان مفاجئا بشكل غير اعتيادي، فمنى لم تبدِ أي تخوف، أي رفض ولا أي انزعاج، لا بل كانت راضية مرضية كمن خصه الربّ بمصيبة وأثلج صدره، لا بل تعجبت حلى من كلماتها حين أجابت أنه كان من الممكن أن تلبسي حزاما ناسفا وتفجري نفسك

حبيبتي طمعا في ذاك الخلد، وأنا أحمد الله أنك ذاهبة على رجليك، سعيدة قانعة، فهذا قدرك وأنت لم تختاري إنما الرب اختارك لغاية لا نعرفها، فأنت قطعتي أشواطا في مجال التأمل والتواصل الروحاني مع من هم أعلى رتبة منا ، اذهبي يا حبيبتي وما فيه خيرك سوف يكون.

أين المشكلة؟ ولِمَ وصلنا إلى هذا الحد؟ وكيف توصلنا إلى هذا الاتفاق المجنون؟ كيف ارتضينا المشاركة بهذه المجازفة؟ لِمَ اختلفنا ما هي أسباب اتفاقنا الضمني على هروبنا من بعضنا لبعضنا بهذا الشكل الشنيع؟ أنا بغاية الحماس لبطن الحوت، فهو شي لم تره عين ولم تسمع به أذن، لم يجربه أحد من قبل!، الجنة، هو الجنة، وهل يرفض أحد دخول الجنة؟ الجنة على الأرض   هذا ما وصف به بطن الحوت، هذا ما أكده لنا الأستاذ بالجمعية.

أرجوك، حلى منبهة مصففة الشعر، أرغب بتغيير لون شعري، تغيير القصّة ورفعة الشعر، فهي حفلة تنكرية كما تعلمين لكنها غير كل الحفلات، أريد ألا يعرفني أحد، فهمت ماذا اقصد ألا يعرفني أحد؟ حتى ماهر.

14

لا تقلقي سيدتي، ودعيني أساعدك، فهمت قصدك تريدين مفاجأته كالعادة، ليكون أكثر وأكثر فخرا بك من أي وقت مضى، مالي أراك متوترة على غير العادة، فهي ليست المرة الأولى التي تقيمين فيها حفلا وإن كانت تنكرية؟ ثقي بي سيدتي. هل ترغبين بفنجان قهوة؟

كانت ساندرا ليست مجرد كوافيرة/ حلاقة، كانت صديقة حلى التي تفضفض لها بعشرة بالمئة من أسرارها، وهذه نسبة كبيرة نظرا لطبيعة حلى الحذرة، فهي على رغم بساطتها الشديدة إلا أنها لطالما عانت الوحدة وشعورا بالعزلة منقطع النظير يصاحبها في أقصى حالات الانخراط الاجتماعي الذي لطالما أحست بأنه قيد يخنقها ولم يجلب لها يوما إلا اختناقا أكبر.

ساندرا حنونة وصاحبة تجربة بالحياة، تجربة تختلف كليا عن تجربة حلى وهذا أكثر ما شدها لهذه الصداقة المقنعة، فساندرا ابنة سوق وتعرف حدودها، وهي لم تكن لتتخطى حدودها يوما، فهي تسمع ترى ولا تتكلم. السيدة الخمسينية، قصيرة القامة والممتلئة بعض الشيء، ذات قصّة الشعر الصبياني/ الغارسون، وذات العيون العسلية، تكمل

لحلى قِصتها، أجل سيدتي فهي ذات احتياجات خاصة، ماذا؟ تصيح حلى فأنت لم تخبريني وضع ابنتك سابقا، ولكن كيف استطعت؟ قمت بتزويجها؟ وها قد أنجبت طفلين، ولكني رأيتهما وهما يبدوان بحال جيدة، كيف ذلك؟ أجل سيدتي فهؤلاء ذوات الاحتياجات يحملن غريزة الأمومة مثلنا تماما، كما وأن ابنتي لم تخلق هكذا إنما أصبحت كذلك بفعل العنف الذي كانت تتعرض إليه على يدي زوجة والدها؟ ماذا؟ ألست متزوجة؟ لم تقولي لي ذلك؟ بلى بلى سيدتي لكني هربت منذ زمن بعيد من منزل زوجي الأول وأخذني دهرا كي استعيد طفلتي بعد أن أصبحت على هذا الحال. إذاً فابنتاك الأخريين من زوجك الثاني؟ أجل صديقتي فأنا تزوجت بثان وكان ثريا، ولكنني وكما ترين أعيل العائلة بعد أن بدد ثروته على النساء ولعب القمار، الحمد لله.

أكملي، أكملي من هذا الرجل ذو القلب الكبير الذي أحب سهى ابنتك إلي حد الزواج بها في حالها تلك؟

لا سيدتي فزوجها يعاني تخلفا عقليا لكن الأهل وعدوني إنهما سيساعدانهما ويتوليا أمر الأطفال، لا حول ولا قوة إلا بالله ساندرا أكملي أنت تفاجئينني،

ولكن يا سيدتي وللأسف فلقد تخلت العائلة عنهما والآن يريدون الطلاق، فابنتي والولدان عندي وأبحث عن منزل أكبر، كما وسألت محاميا لعله يحصل لها على نفقة. وتتوه حلى بخبرية سهى وتقول لنفسها، أنا شريرة أنا سيئة كيف لي أن أعاني في ظل ما أسمع، يا الهي، أين أعيش أنا في عالم آخر علي العودة إلى الأرض. مسكينة ساندرا ومسكينة سهى علي مساعدتهما.

كم من الوقت نحتاج لإنهاء هذه التسريحة العجيبة ساندرا؟ تسال حلى متململة في كرسيها فهي ملولة جدا. فأنا لدي الكثير لأقوم به قبل حلول الظلام، تقول في نفسها أحتاج لتمضية بعض الوقت مع تمارا كما ومع آدم، فأنا مع أنني مطمئنة للغاية لوجود منوش أمي الغالية بقربهما إلا إن إحساس الأمومة لا زال ينغزني هناك داخل قلبي ناحية اليمين. قد تطول رحلتي، من يدري، سيدتي لم لا تقومي بإلغاء حفلتك هذه؟ فأنت لست على ما يرام، تقلقني نظراتك التائهة تلك ، تكمل ساندرا.

وتقول حلى لنفسها كيف لي التراجع والجمعية قد وضعت كل ثقتها بي وانا متشوقة حتى أخمص

قدمي لهذه المغامرة الشيقة، علي المضي قدما، هيا تشجعي حلى لم تكوني يوما جبانة.

ما زلت لا أصدق كيف وافقني ماهر على اتخاذ هذا القرار المجنون، لا بل الغريب بالأمر أنه كان أكثر حماسا مني فهو يتوق لبدء الرحلة العجيبة تلك، مع علمه المسبق بكل مخاطرها. لطالما لم استطع تحديد هوية ذاك الرجل الغريب الأطوار، فهو مزيج من الذكاء والعبقرية والتمام لدرجة أنني أبحث عن أي شيء يشعرني بقدرتي على منافسته فهو فذ.

وسيم كيف نسيت، علي محادثته قبل أن اذهب، أرغب بوداعه فقط، لسماع صوته فربما لن أعود أبدا فلا أحد يدري كيف ستسير الأمور مع أنني على ثقة تامة بالنهاية الحتمية السعيدة لهذا القرار الشجاع. كما وأنني أثق بأستاذي وجمعيتي.

فعلا صحيح، تسأل حلى، ما سبب ثورتي؟ كثرة عمله؟ كثرة سفره؟ وسامته ومعجباته؟ ذكائه أم كماله؟ فأنا لا أرى في ماهر أي عيب، أيعقل أن يكون هذا هو سبب مللي، الفراغ؟ فراغ حياتي من المشاكل بشكل شبه تام؟ ماهر زوجي أبو أولادي

وأنا أحبه، لماذا إذاً هذا الإحساس بالرغبة بنوع جديد من الحياة، ما سبب عدم اكتفائي؟ عما أبحث بالضبط فلا نقص عاطفة لدي ولا أحتاج مزيدا من الحب والعطف والحنان. لا أنكر بأن قامته الممتلئة تعجبني، وشعره البني الغامق المائل إلى السواد لدرجة أنه لطالما ظنوا أنه تركيّ ممن التقيناهم من أجانب خلال رحلاتنا. ما زلت أذكر نعومة يديه وعطره الغالي الثمن، كان كل ذلك ما شدني إليه منذ البداية، يوم قدّم لي جائزة فوزي بأفضل ممثلة عن دوري في مسرحية الليدي. ما زلت أذكر كيف كان مبهورا بأدائي وأنا أقوم بدور الليدي ديانا معبودتي، كما وما زلت أذكر أنه أشار بأنه تمنى لو أنه دودي الفايد في المسرحية وأشار لوسيم حاسدا إياه على قيامه بالدور بدلا منه، فروح الدعابة هي سمات ماهر وبدأ حديثا معه عن الحب الذي لم ير الشمس وتطرق الاثنان يومها للحديث عن فرح وليم وكيت وكيف أن السماء يومها امتثلت لأوامر ديانا الأم بألا تمطر على العروسين، وكانت تلك بمثابة رسالة من الأم لابنها البكر يوم زفافه، فهي باركت هذا الزواج نعم لقد كانت هناك.

هلا سمحت لي بهذه الرقصة سيدتي؟ طبعا طبعاً سيدي لي عظيم الشرف، وحلى المقنعة منتشية بفرصة الحرية المطلقة التي بدأت للتو في جنة الخلد. تبدأ حلى بأداء الرقصات مع محاولات جاهدة لتغيير طرق الأداء، فهي عليها ألا تنسى أن ماهر من ضمن الحضور كما ولربما تراءى لذهنه خداعها وادعاء أنه آخر، لا، لا، ابعدي هذه الأفكار السوداء عن مخيلتك حلى، فأنا واثقة من أنه مثلي تماما يرغب بخوض تجربة جديدة ليس لشيء محدد إنما لمجرد المقارنة ليس إلا. ماذا تشتهين سيدتي، سامبا سالسا، تانغو شرقي؟ اطلبي وتمني فأنت الليلة ضيفتي، قال ذاك الرجل المقنع المذهل. سارت الرقصات منسجمة متناغمة كما لم تكن يوما بهذه السلاسة والبساطة والحب. ويسال أتعبتِ سيدتي هلا ارتحنا قليلا واحتسينا بعض الشراب، وحلى المتنكرة باسم ليلي طارت فرحا لسماعها فكرة الجلوس على كرسي، فهي لم ترقص بحياتها كلها هذا الوقت الطويل المتواصل. وحال سؤال النادل لهما ماذا تشربان انتفضت ليلي لتقول عصير البرتقال فهذا مشروبها المفضل، خاصة بعد عناء الرقص المبرح الذي قامت به الليلة، ولكنها سرعان ما بدلت رأيها فعصير البرتقال سوف يكشف أمرها

وهي أيضا لن تقول الأناناس كنقيض حيث أن ماهر يتوقع منها كهذه الألاعيب لأنها لطالما أبدت امتعاضا لهذا المشروب الذي لم تحبه يوما رغم انه حارق جيد للدهون، تفضله فاكهة وليس عصيرا. فقالت تفاحا لو سمحت.

الجزء الثاني:

كان ذاك الشاب الوسيم الذي راقص ليلي الليلة ذا حكاية لا تخطر لأحد على بال، فهو كاتب ومخرج مسرحي، وهو من اقترح فكرة الخلد هذه، فهو عضو مؤسس في جمعية الخلد التي أوصلت الجميع إلى بطن الحوت. ولقد سعى جاهدا لتطبيقها، هذا الشاب انغمس في التأليف والإخراج لدرجة بات يخلط فيها بين الحقيقة والخيال. كان أعزبَ في الخامسة والثلاثين من عمره، درس في لندن أصول المسرح وعاد إلى بلده منذ ثلاث سنوات، ويدور حول نفسه منذ ذلك الوقت، لدى الشاب الوسيم الذي أفاد أن اسمه طارق العديد والعديد من الحبيبات لدرجة أنه لم يعد يتذكر كافة أسماءهن ولا حتى مواعيد اللقاءات. وكل ما يرغب بتذكره الليلة هو ليلته الأخيرة على سطح اليابسة، قبل أن يهجر المجرة متجها في طريق اللاعودة إلى قعر المحيط.
كان رامي وهو اسم طارق الحقيقي يفضل بطن الحوت بكل ما فيه من غموض ومفاجآت على الحياة التي باتت رتيبة في نظره لدرجة الانتحار.
كان لرامي عينان سوداوان ووجه أبيض كالبدر، فهو كيونانيٍّ صبغته سمرة الشمس، ولم ير في ليلي

سوى فتاة كغيرها جميلة تائهة النظرات شاردة الذهن، ولم يكن الزهو الخارجي التي تحاول جاهدة إظهاره لينطلي عليه هو زير النساء الجميلات بالذات. فهي غامضة وتظهر عدم ارتياح، شيئا ما داخلها يرفض كل ما يحصل، لقد أحس هو بذلك.

بجانب الشراب كانت دوما الأحاديث الجانبية، فطارق متحمس لمعرفة قصة ليلي وكيف وصلت إلى الجنة، وبالفعل فلقد قام بسؤالها عن حياتها، هل هي سعيدة، وما سبب الرحلة، مع علمه المسبق والتام بأنها لن تتفوه بحرف واحد صحيح فهذه هي أصول اللعبة، وإلا سوف ترمى بالبحر ليلتهمها سمك القرش على مرأى من الجميع، طبعا لتكون عظة لمن اتعظ. وتكتمل اللعبة بتحويل الأكاذيب إلى أفعال حقيقية ليتمكن كل فرد بالحوت من الإفادة من فرصة ثانية أخيرة، فهدف الرحلة منذ البداية هي تغيير مسار حياتهم إلى الشكل الذي لطالما تمنوه وليس العكس، فالغاية هي السعادة وليس سوى السعادة، فما من شيء يستأهل الأسف والعمر ليس بَعْزَقَة كما هم مقتنعون.

بدأت ليلي تشرح قصتها، حيث أفادت بأنها من عائلة فقيرة في الجبل، لم يتسنى لها النزول إلى المدينة إلا منذ فترة وجيزة قبل انضمامها لبطن الحوت وهي تدندن "تعى يا حبيبي خدني وروح قلبي من الهوا مجروح واللي فيني يكفيني، شو اللي غير قلبك قول انت بتنساني معقول وينك ما عم تحكيني... كانت هذه أغنية ليلي المفضلة، أو ربما هذا ما ادعته، فهذا ما ظنه طارق أي رامي. وتساءل كيف لها أن تمثل بهذه البراعة فهي بدا عليها الكم الرائع من السرور وهي تدندن الأغنية فهل يعقل أن تجيد التنكر إلى هذا الحد؟ تدهشني هذه المرأة يضيف طارق. لا رامي لا تعد لما كنت عليه فهذا ما حدا بك إلى هذه النهاية الأغرب، بطن الحوت، كيف خطرت لي هذه الفكرة، كيف تجرأت كيف لم أفكر بما قد ألحقه من أذى لهؤلاء الذين وثقوا فيّ وتبعوني؟ ما بك يا رامي لم كل هذا التردد الآن، أنتم في بطن الحوت سعيدون، ولم أسمع تذمرا من أحد، لا تكن جبانا وأكمل ما بدأت. وتسأل ليلي، وماذا عن قصتك أيها الشاب الوسيم؟ وهي تفكر بتمارا، فهي ولا تعلم لماذا كانت تمر بذهنها صورة تمارا كنجمة في سماء بعيدة، بعيدة جدا صعبة المنال، آدم وماذا عن آدم كيف تجرأت

حلى؟ كيف طاوعك قلبك، يا لك من أم محترمة! حنونة وعطوفة، وتبرق دمعة تكاد تهطل من مقلتيّ ليلي التي انقلبت فجأة إلى عصفورة في قفص. تشجعي حلى لا تضعفي عليك إنهاء ما بدأت به، فأنت انتدبت لهذه المهمة، المهمة الربانية التي قد تغيّر مسار الكرة الأرضية، قد تنقل البشرية إلى مكان آخر أجمل وأسعد وكل ما عليك هو إنجاح التجربة، لا تقلقي فمنى أجدر من اهتم بولدي. رعاك الله ماما وحفظك لي يا رب، ولكن يا إلهي، ماذا لو حصل مكروه لها أثناء غيابي، لا حول ولا قوة إلا بالله اطردي الأفكار الشريرة هذه من عقلك حلى، فأمك باركت خطوتك هذه وشجعتها، لا تكوني متشائمة، ربما ما تحتاجينه فقط هو بعض الراحة، فأنت ومنذ الصباح لم ترتاحي والساعة شارفت على الرابعة صباحا، وحلى ورغم حياتها الصاخبة لم تحب السهر يوما فهي شخص نهاري بامتياز ولطالما لم تقدر معنى السهر. كابري حلى كابري فالقاعة ما زالت تعجّ بضيوفها والصخب يكاد يخرم آذان سمك القرش المحيط بسفينة الحوت العملاقة وكذلك بعض خيوط من ضوء باتت تبزغ من نوافذ القاعة التي تحاط بعتمة قعر المحيط وبعض الطحالب واللآلئ تشع من بين صدفاتها يا

25

لروعتها! كما وبدا لليلي أن أملا بغد مشرق أصبح حلما لن يتحقق أبدا. لم يفلح طارق بإقناع ليلي بالسكر فهي شديدة الحرص على رصانتها، أو ربما هذا ما ادعته في بطن الحوت يقول طارق لنفسه، فمن المفترض أن ندعي أن نقول عكس حقيقتنا ولطالما ليلي رفضت الإذعان للدعوات الملحة في احتساء كاس مشروب كحوليّ، فهذا يعني أنها بالحقيقة على عكس ما تقول، ولقد تنبهت حلى بأنها ودون أن تشعر رفضت المشروب، ولم يكن ذلك ادعاء إنما حقيقة وبدأت باحتساب أخطائها فها هي الغلطة الأولى ظهرت للتو وعلى ما يبدو هذا سببه الإرهاق الجديد فهي كل ما ترغب به قليلا من النوم، حتى ولو افترشت الأرض لم يعُدْ يهمّ.

رامي المدعو طارق اعتاد التمهل في فرض نفسه وله طريقته في جلب الفتيات لحلبته بمزاج وفرح، فهو من المفترض أنه كازانوفا ولن تعصيه واحدة مهما كبر رأسها، ولكنه ومع ليلي لم يشعر حتى الآن بأي اختلاج في عواطفه، ربما بسبب الضغط النفسي الذي أحسه جراء ترتيب رحلة الغيب المجهولة النهاية، غير مضمونة النتائج تلك.

الجزء الثالث:

يسأل رامي نفسه ترى ماذا تفعل سلمى؟ من
تراقص وفي حضن من ستبيت؟ فهي حبيبتيه
وعشيقتيه وإن لم يكن بينهما يوما رباطٌ مقدسٌ وذلك
لعدم اقتناعه بمعنى القدسية ومدى أهميتها في
ممارسة الجنس للحب، لكنه ولا يدري لماذا يشعر
ببعض الحرقة في باب معدته حين يتراءى لذهنه
أنها يمكن أن تقع في حب شخص آخر، فهي له هو
يحبها وهي تحبه، ستكون وفية كما هو سيبقى وفيا
مدى الحياة، وهو لطالما اقترح زواجا مدنيا في
قبرص لكنها تصر على الزواج الكنسي مع أنه
مسلم والحمد لله، أو فلنقل مسلم على الهوية، أما
قناعاته واعتقاداته فهي رهن الظروف، فتراه
يصوم أحيانا ويتمنع أحايين، لا يصلي إلا نادرا،
ولكنه يكثر من عمل الخير، يساعد كل من يجده
بحاجة لمساعدته، يبرّ بوالديه، كما ويبغض النميمة.
سلمى، سلمى حبيبتي أين أنت الآن، كيف لي أن
أجدك بين الشخصيات الألف وأنا أكثر من عرف
قدرتك على إخفاء الحقائق فها نحن على علاقة منذ
أكثر من عشر سنوات لم يلحظها حتى أبويك.
تستأذن ليلي من طارق طالبة مشروب الطاقة، فهي

27

وإن لم تشرب هذا المحلول العجيب الذي ابتكرته الجمعية لمساعدة وافدي بطن الحوت على السهر الدائم، فهذا المشروب كان قد اخترعه أحد الدكاترة العظام مؤلف من قمح وعسل وعناصر أخرى منشطة ومجددة للخلايا تبقي الذهن متيقظا والعضلات مشدودة لا تشيخ حتى ولو مضى على سهرها مئات السنوات. يتساءل طارق وهو يعطي كأس الحياة لليلي رفيقته الليلة، ترى كم من الزمن مضى على دخولنا بطن الحوت؟ فهنا الدقيقة بساعة خارجا، وها نحن أمضينا الأربع والعشرين ساعة الأولى دون حتى أن ندري كيف مضت، فهنا لا تلوث ولا سيارات ولا عمل ولا هواتف نقالة أو حتى إنترنت. تشرب ليلي الكأس علها تفيق، ترتشف رشفة وشفة ومن ثم شفة وتنتظر، يا للدوار الذي يضرب برأسي كانفجار قنبلة نووية، هيا هيا تشجعي يا ليلي حتى أنه عليك أن تعتادي على الاسم ليلي أجمل حلى لم يكن يوما يروقني، وإن لم يكن اسما عربيا، وأنا بشقاري علي أن أكون أجنبية. تنتفض ليلي كمن شربت حياة جديدة بكاملها، يا لهول ما شربت، يا له من مشروب عجيب، لم تعد تشعر بأي تعب لا بل هي تشعر أنها خفيفة جدا، لا آلام لا أوجاع لا وزن على الإطلاق،

28

السكر لا لا يشبه السكر، النيرفأنا لا لا يشبه إحساس النيرفانا، هي شخص آخر جديد، شخص بحياة لا خلية ميتة واحدة فيها، هذا هو الشعور الذي أحسته. تنطلق ليلي وينطلق معها طارق، ويبدآ من جديد، حوارا آخر لا يمت لما قيل قبل لحظة بصلة، وكان العقل الباطن لكليهما قد تحرك ليطلع مكنوناته دون أي تحفظ ولا خوف، وبدأت القصة، لقد أخذت منحى جديدا مغايرا تماما لما سبق. ويقول رامي فلنرقص ونكمل الحديث ليلي، لدي رغبة في الرقص، وينظر إلى عينيها الزرقاوين اللتين لم يكونا يوما أجمل من ذلك، مستجديا قبولها بالرقص معه، وتهز بشعرها الأشقر على الفور، فهي أكثر حماسا منه لا بل أكثر حماسا من أي وقت مضى للرقص، لم تكن ليلي لتعلم أنها تعشق الرقص إلى هذا الحد، ويتململ الاثنان ويقفا شاقيْن طريقهما بين الحشود الغفيرة التي انتشت بنفس المشروب قبلهما ويبدآ الرقص، ويتهامسان، مساكين أولئك الذين ما زالوا بالانتظار، أولئك الذين لم تسمح لهم الفرصة بتذوق مشروبنا، نخبك ليلي نخبك حبيبتي. تنظر ليلي لطارق متسائلة هل ما سمعته كلن صحيحا أم أنها تهذي بفعل المشروب، فهو ومنذ لحظات كان يخبرها عن قناعته التامة بعدم فعالية الحب وهو

الخبير بحكايات البنات اكتشف أن لا معنى لعلاقات تأتي وتروح لتحل بالمراتب المتأخرة لمجرد الإحساس بالملل. نعم ليلي متأكد فطارق له ذكاء خارق ودماغ يدبّر بلدا كاملا. لقد قضينا سنوات معا، ألا تذكري؟ أنا أعرفك ليلي، وأنت تعرفينني، فها ذاكرتي قد عادت إلي، ألم تعد إليك ذاكرتك؟ وتحملق ليلي بطارق مشدوهة لتصرخ هاغوب! فيغمر العاشقان بعضهما بعضا كما لم يفترقا قط، حبيبتي لكم اشتقت إليك، لم أكن لأهنأ قبل أن أجدك، أين كنت لقد فعلت المستحيل لتجمعنا صدفة أخرى، أحمدك يا رب، لقد جمعتنا الصدفة ثانية، يا إلهي لقد كان دوما إيماني بربي كبيراً، وها قد تحققت المعضلة، أين كنت كل تلك السنوات؟ أين كنت أنت تجيبه لوسي! لطالما بحثت عنك، بين نسمات الهواء بحثت عنك، سنوات وسنوات خلت، كيف اختفيت فجأة من حينا، كيف عدت حبيبي لا أصدق.

لوسي حبيبتي أعترف بأنني قمت باختراع المشروب، مشروب الطاقة وأعترف بأنه لم يخطر لي على بال بأن المشروب سوف يعيد لنا ذاكرتنا القديمة جدا هذه اللذيذة التي لطالما ظننا أنها مجرد طائرة ورق على سطح جيراننا. ماذا تقصد

هاغوب؟ أما زال هناك احتمالٌ للخطأ؟ لست متأكدا من مشروبك؟ ماذا لو تذكر كلٌّ حبيبته؟ لا تقل لي كل الموجودين كانوا على معرفة سابقة ببعضهم البعض في ما خفي من خبايا جماجمهم؟ ماذا لو عمت الفوضى في أرجاء جنتنا؟ حسب علمي أننا كلنا أزواجٌ وزوجات؟ وها آنذا أفاجأ بأنك لست متزوجا، واستبدلت بها حبيبتك، وهذا أول خرق للعبة! وها أنت مجددا تعود لتخرج من بطن الحكاية لتعيدني إلى زمن مات بموتي، زمن كنت ظننت أنه قد ولى وإذ أراك في وجهي مجرد كمال! كمال من أضعت حين كنت في الخامسة والثلاثين! وهذا خرق آخر، وكم من خرق سأحتمل! كم من العمر مضى، وكم من حياوات قضت ، لا تكملي حبيبتي لا تكملي أعرف أنني قصرت بحقك، ولكنك تعلمين كم كانت وحشية تلك المحرقة! لا زلت أذكر كيف اختبأت بين الأشجار في سياج منزلنا، يا لروعة شمس أرمينيا، لا أريد أن أحزن حبيبتي وفي بطن الحوت بالذات أتحسين بحرارة الشمس يا لوسي، اخفض صوتك فأنا ليلي ولا أريد أن يعرف قصتي أحد، لا تنسَ علينا إحكام التنكر فأنا لا أرغب أن أدخل بطن القرش وسعيدة ومكتفية جدا ببطن الحوت. ولكن لحظة، هل تعني بأنك استطعت أن

تخلق المشروب الذي يعيدك لحياتك مع حبيبتك وتجاهلت الحياوات الأخرى؟ يا إلهي، كيف استطعت فعل ذلك؟ أي قدرة لديك، وكيف لنا حمل هذه الذاكرة المنقوصة، المشوهة التي تفتقر لمعظم حلقاتها المفقودة؟ لقد قلت لك لم أكن لأتوقع هذا، فلننتظر لنرى ماذا سيحل بالآخرين، لربما كنا نحن شواذ القاعدة، ولم تعد لأحد ذاكرة مضت.

ويتذكر الحبيبان، كان كل شيء هادئا مستكينا حين تهاوت فجأة جدران بيتنا وبيت جيراننا وبيت جيرانهم، وكيف كنا نبحث عن أشلاء، عن ألعاب أو صور معلقة، عن أي شيء يذكرنا بهم، زلزال لم يشعر به أحد غيرنا، أو تظن هل من مسئول؟ يسمع هاغوب ولوسي نحيبا خافتا من فتاة وليست بفتاة بالمعنى العادي للكلمة، بملاك حارس تبارك الرحمن فيما خلق، ولوسي الحزينة تلوذ بنفسها داخل نفسها، لا تدري أن تخبئ غيرتها التي تفجرت فجأة كبركان من لهب، يا إلهي كم هي جميلة تلك الناحية!!

الجزء الرابع:

تلك الناحبة كان لها ما دفعها لبطن الحوت،
تقول في نفسها لوسي، وتكمل قصتها لمن يعانقها
راقصا، ذاك المجهول الهوية، الرجل البسيط
السلس الذي يدعى سام، هذا ما ادعاه، فعلى ما يبدو
أن هذا الاسم محببا وإلا لما اختاره ليرافقه إلى
الخلد. مروة ملاك الرحمة، الملاك الواقف أمامهم
على الأرض أو بالأحرى على غرانيت بطن
الحوت، فلبرهة شكت لوسي ما بين الرخام
والغرانيت لدرجة أنها حاولت مرات ثلاث ملامسة
البلاط بيديها الناعمتين لعلها تستطيع تحديد هوية
قطع الجمال الملصق على الأرض، أرض الخلد،
فهي لم تر بحياتها مشابها له، ليس رخاما، ليس
غرانيتا، لربما المرمر، فهي وفي شقتها الفخمة في
الداون تاون لم يخطر على بالها أن تدجج شقتها
بهذا الكنز، المرمر؟ أجل أظنه المرمر.

لا تبكي مروة يهدئها سام، فما حدث قد حدث
وعائلتك تسكن في السماء الآن مرتاحة خالية الفكر
بقرب الرب، لا تنتحبي فمن يدري، هم يروننا الآن
وأنا متأكد بأنهم سعداء لرؤيتك هنا سعيدة فرحة، لا
تجزعي حبيبتي فأنا بجانبك، وهنا لا موت يفرقنا

ولا زلازل ولا عمارات تهبط فوق رؤوسنا لحظة غفلة، غفلة من رحمة في قلوب المتاجرين في أعناق البشر. أتريدين كأسا آخر من مشروب الحياة! هل تشعرين بتعب حبيبتي؟ فكما ترين نحن هنا لنسعد، لا وقت نضيعه في التفاهات، لا عمل لا ارتباطات لا هواتف نقالة لا سيارات لا طائرات لا وسائل بث مباشرة ولا مسجلة لا أهل لا عائلة لا شي لا شي على الإطلاق إلا السعادة، حتى أن لا وقت لدينا للنوم، فما قصر في الأعمار طول السهر. أعذر عاطفتي سام فأنا ما زلت أحتاج لبعض الوقت لأعتاد التخلي عنها، لربما حياتنا على المعمورة خلقت فينا هذا النوع من الارتباط، من الإحساس الموجع بمن نحب، خلق فينا الخوف والرهبة من المجهول خلق فينا الألم البرد والجوع، أحتاج لبعض الأيام فقط، أو لربما كانت لسنوات فأنا لست أدري كيفية حسبة الأيام الحوتية على حساباتنا الميلادية السابقة، كم مضى على وجودنا هنا سام فأنا لم أعد أذكر، ويجيبها بحماس منقطع النظير عام ميلادي على ما أظن مروة، أترين لم نشعر بها، فهي مجرد ليلة راقصة بالنسبة لنا، لا ندري متى بدأت ولا نقلق متى ستنتهي فهي لن تنتهي أبدا إلا إذا قررنا نحن ذلك، وهذا، لا سمح

الله سوف يكون يوم إخفاقنا، وكما ترين فنحن سعداء، سعداء بحق ولن نصل مرحلة التعب أبدا كل ما علينا فعله هو احتساء المشروب فقط، وخلايانا سوف تقوم بالباقي، سوف تتجدد تلقائيا من تلقاء نفسها وتحيينا ثم تحيينا ثم تحيينا.

ينتشي سام واقفا حاملا عروسه الملاك لترتاح على صوفا صممت خصيصا من قبله، فهو نحات ورسام وله في تصميم الأثاث وهو ما زال يذكر حين كلمه الأستاذ، رئيس الجمعية بشأن تصميم بطن الحوت، كان الأستاذ قد أفاد يومها بأنه قام بترشيحه لهذا العمل لشدة إعجابه بطريقته وأفكاره الخلابة في تصميم القصور والفنادق ذات القاعات المهولة المساحة، لم يكن ليتخيل يوما أنه سوف يحظى بهذا الشرف العظيم، وبأن اسمه سوف يخلد بدخوله جنة الخلد في التجربة والأثاث في آن معا.

وترمقه مروة بعين المحبة الهائمة تومئُ بعينيها الشائحتين ليكمل القصة، كان ذلك منذ عام، وتضحك مستفسرة، عاما حوتيا أم ميلاديا؟ ميلاديا طبعا فنحن كنا وما زلنا هناك يا ملاكي، أيعقل ذلك، فأنت عبقري حقا، وفي عام واحد فقط؟ كيف استطعت؟ لم أكن وحدي من نفّذ العمل مروة، أنا

تخصصت بالخشب، كانت هذه هي مهمتي الوحيدة، ولا أنكر أنه سخر لي فريقا رهيبا من المساعدين الفنانين النحاتين والرسامين بأيد تلف بحرير، وهل هم معنا هنا على متن الحوت؟ فليس من العدل تجاهلهم، أجل حبيبتي فكل من ساهم بانطلاق سفينتنا نال نصيبا فيها، فجمعيتنا عادلة، ثقي بذلك، ولذلك ألا ترين أنهم ألف شخص، لقد صممت لألف شخص، لا تزيد ولا تنقص، فنحن لن ننجب، ولن نموت كذلك، اطمئني واهنئي ودعي القيادة لهم. فينير وجه مروة وتغتبط كما لم تكن يوما، يا لتأثير ذاك المشروب العجيب! يا لشدة ما أرغب التعرف إلى مبتكره، كم هو عبقري! سوف أغار مروة، رغم علمي أنه لا غيرة على متن الحوت، لا أنانية لا تملك ولا تعنيف، نحن المدينة الفاضلة، المدينة الحرة حرية مطلقة، الكل يفعل ما شاء ساعة يشاء دون قيد دون شرط دون حسيب أو رقيب، نعم فنحن استحققنا الثقة، لم يكن الأستاذ ليغامر باختيار من هم دون المستوى، نحن النخبة مروة، لقد اصطفأنا الله. كيف خطرت لك فكره السندس؟ سام أكاد لا أصدق أرائك من سندس! كيف استطعت، من أين أتيت بها، كم ثمنها ومن قام بالتمويل؟ تبرعات حبيبتي فكل من انضم لجنتنا تخلى بتعهد

مسبق مكتوب وموثق ومخبأ في مكان لا يعرفه ولن يعرفه إلا قلة قليلة من مؤسسي الجمعية، ولكن هذا ليس عدلا، ماذا عن مخلفاتهم على الأرض؟ لقد حسب حسابهم حبيبتي فأنت تتكلمين بمليارات، أترغبين حقا معرفة قيمة تكلفة الأرائك والصوفا مجتمعة، الأرجل والزخرفة؟ لا حبيبي لم أعد أرغب فأنا حس المال ما زال بي لوثة منه ربما لاحقا بعد أن أتخلص من عبوديته، لا تنسَ فأنا بنت الحي الفقير، لطالما كافحت إلى أن كونت ثروتي، أذكر أنني أشرت مرة في إحدى ندواتي حول حقوق المرأة وحماية الطفل إلى عبادة القرش حيث استبدلناه بعبادة الله عز وجل، صحيح فأنت الناشطة الاجتماعية؟ يفترض، وطبعا لم يكن مما أفادت به مروة صحيحا، لربما هذه الشخصية التي كانت تحب أن تكون عليها لذا اختارتها ودرستها مليا قبل دخولها التجربة، لا تنس سام، محدثا نفسه أن كل من على هذا الحوت له قصة وقصص، وله أن يختار ما شاء على أن تكون غير صحيحة بالكامل.

لا ضير في ذلك تروقني الشخصية على العموم، وطالما أننا لن نخرج من بطن الحوت أبدا فأنا سوف أتفاعل مع مروة بكل جوارحي الآنية، فأنا لست أنا أيضا والله وحده يعلم من أكون. فعلا من

37

أكون؟ فأنا نفسي بتّ غريبا عن نفسي، هل أنا حقا النحات؟ أم أنا من رصف المرمر أو من حاك المفارش؟ لا أريد أن أتذكر لقد أحببت مروة كنبتي وسوف أبقي عليها فلا يهم إن كنت خياطا ماهرا أو نحاتا لطالما لن أعود ثانية لمهنتي ما حييت. وأنا لطالما تمنيت أن أكون نحاتا يوما، ولم لا؟ فديفنشي لا يتميز عني بشيء. اهدأ سام، من سام هذا؟ ما بك يا سامر؟ أنسيت نفسك حقا أم انك تبالغ في عيش الدور؟ لم هذا الحنق، فلقد دربت نفسك طويلا على عيشة بطن الحوت التي لا فرصة فيها للكدر، انس يا سامر انس ذاك اليوم المشئوم. كيف لي أن أنسى كيف لي أن انسى شطبي من لائحة المتفوقين على دفعتي لتفضيل آخر علي، لو لم أكن فقيرا، لو كانت لدي واسطة؟ لكنت الآن في روما، في باريس، في لندن، وفي عواصم أخرى، ألفّ العالم وأجاهر بموهبتي، ولكنت نافست ديفنشي ذاك وعلقت لوحاتي في اللوفر. ولكنك أنجزت فأنت مصمم بارع معروف ومشهور، ولقد انقضى وقت الندم أصلا فأنت تركت الحياة كاملة لتقطن بطن الجنة هذا، أو ليس بعدل ما آلت إليه الأمور؟ أتساءل دائما، أين من فضلوه على عديم الموهبة ذاك، فأنا لم أسمع عنه منذ ذاك الوقت.

الجزء الخامس:

ما أروعك تختالين غزالة من أين لك هذا؟ ما
هذا القد الممشوق أميرتي هند؟ ويلتف ويلتف حولها
بكل عشق يغمر المعمورة، فالرقصة هذه المرة
سلو، شكرا للطفك يا أميري المعتز، وتضحك في
نفسها مختالة كيف استطاعت جذب ذاك الوسيم
الساحر، وتعود بتلى بالذاكرة إلى ذاك الكوخ القديم،
كيف جرى ذلك فهي حتى اللحظة لم تكن لتصدق ما
حدث، كانت يومها ترسم لوحتها قرب الشاطئ عند
مغيب الشمس، ويا له من منظر لكم أودّ رؤية
لوحتي المسكينة التي لم أكملها، كيف للشمس أن
تغطيَ هكذا كرة نار فهي مشعة دافئة في ماء أزرق
وتحتفظ بصفارها؟ يا لتلك العاصفة كيف قلبت
موازين حياتي، للأحسن؟ للأسوأ؟ أظن بالاتجاهين،
فما قاسيته ليلتها لا يمكن لمخلوق تخيله، كيف
جرفني الموج، تسونامي؟ لم أسمع بهذا الاسم من
قبل، كل ما اذكره انعدام الرؤية، بلى بلى اذكر أنني
كنت اختنق، لا بل كنت على غصن شجرة قبل أن
أتهاوى على سقف الكوخ العتيق. لم أكن لأنسى كم
الآلام المبرحة التي شعرت بها حينها، كنت أهذي
هذا ما قاله لي بعد أسبوع من غيابي عن العالم يا

39

إلهي كم أشتاق إليك علي الدين، كيف لنا ما فعلنا؟ كيف لكل ذلك الحب الفجائي أن ينمو وبهذه السرعة الأخطبوطية، لقد تفرع إلى أن كادت تغطي أذرعه كافة المعمورة، ماذا حدث لم اتفقنا على الفراق؟ لم أتينا بطن الحوت، أين أنت يا علي الدين، وكيف لي أن أميزك بين هذه الجموع المتنكرة المتشابهة لدرجة يقشعر لها البدن؟ آه منك عليّ، يا أيها الشيخ الراهب! كيف استطعت أن تسحرني، ترى هل سأحظى بالفرصة ذاتها مرة أخرى؟ ترى هل سأحظى ببعض الفرصة هنا في الجنة على الأرض؟ لست بواثقة على الأرض على السماء في الماء فلم يعد يهمّ، لم يبق لي أحد هناك فالتسونامي قضى على شجرتي بكاملها، خسرت كل من لدي، يا حرقة بالقلب لا توازيها حرقة، ملائكة؟ ربحت ملائكة؟ أي ملائكة أولئك الذين ربحتهم، في السماء بقرب الرب؟ ربما ولكن ما الفائدة؟ لطالما كانت خلافاتي مع علي الله تبدأ من هنا، إلحادي، فأنا لم أكن يوما بمؤمنة، أنا أرسم أعشق الفن والألوان، وأرى فيها الإله، أقدس الطبيعة كونها ملموسة، كيف أحبني ذاك الشيخ المسلم بصليبي الكاثوليكي وأبي وابني وروحي القدس؟ كيف اندمجت الأديان وانصهرت لتؤلف لحننا القرمزي الأبدي الصافي؟

40

لم يكن حبا كان جنونا، كان عشقا فاق كل العشق، لطالما ذهلت حين رجعت بالذاكرة إلى حب المشايخ ذاك، الحب المصحوب بالزهد والرغبة، كيف للصوفية أن تتجلى بإقامة الإثارة مع احتفاظها برونقها الروحي المطمئن. حاولت جاهدة سد الفجوة بيننا فهو لطالما سألني وبما أنك لست بمؤمنة لماذا تلبسين الصليب؟ وفعلا لم أعرف الإجابة، فأنا مؤمنة بالإكراه أي أنني أرى بالإيمان حاجة وليس بخيار، فأنا أحب الرب وهو يحبني والجأ إليه ولا يخذلني أبدا، وهو كان دائما بجانبي، ولكني أقيم صلواتي بطريقة مختلفة، أخاف البخور وتخنقني الكنائس، صوت الجرس يوترني، ولطالما صليت لربي بألواني، حزينة كانت أم مبهجة، أولا تحتسب لي؟ ويلوذ يلوذ علي الدين فهو ابتلي بحبيبة كافرة، عليه تقويمها، عليك بارتداء الحجاب، فهو أفضل لك، انظري لشعرك الكستنائي المثير، لن ألوم الرجال على اشتهائك، وأنا الناسك المتصوف قد وقعت في الشرك، استري عورتك يا امرأة، أرجوك ارحميني...

آه يا علي، لكم عظمتك حين رضيت مشاركتي بطن الحوت، أين أنت ادفع ما تبقى من

عمري لأعثر عليك هنا، لنحيا هنا دون زيف، فما عاد من قيد ولا دين يربطنا.

أما علي الناسك المتعب ذات الطاقة الروحانية العالية استطاع تمييزها وكيف له نسيانها بتلى حبيبته يميزها من بين مليون امرأة، فلها رائحة تميز جسدها رائحة العنبر، ولكنه لن يتفوه ببنت شفة، لن يغامر بحياتها فهي كل حياته، لن يسمح بقذفها في البحر، فهو لن يستطيع مشاهدتها تنهش من القرش، وعقد العزم على ألا يقترب منها أو يسمح لها من الاقتراب منه بأية طريقة كانت، سوف يحرسها ويحافظ على سلامتها فهذا واجبه الذي أتى من أجله بالأساس، فهو لم يكن يوما ليقتنع بهذه المغامرة الفاجرة ولكنه أتى لأجلها، وسوف يعبد الله في بطن الحوت ليس هناك ما يمنع، فهو لن ينقطع عن صلاته. هل حقا ترغب بالصلاة علي الدين؟ هل أنت حقا ناسك متعبد؟ ما الذي حذفك إلى هناك؟ كيف هجرت الحياة دون رجعة؟ أكلُّ ذلك بسببها؟! نعم كانت هي السبب سائدة حبيبتي الشابة التي تركتني وتزوجت بغيري، من رجل بعمر والدها، ولكنك تعرف بأن القرار لم يكن لها، أجل أعرف، ولذلك عاقبت نفسي فأنا   لم أستطع

42

حمايتها، لم أكن رجلا بما يكفي، وكيف لي أن أكون فأنا كنت بعمر الستة عشر عاما، لم أكن أحتكم على مصروف جيبي، مسكينة سائدة، كيف أن السلام لم يسد حياتها لحظة مذ ارتبطت بعمنا العجوز ذاك، وكيف لها أن تهنأ؟ في دار للمسنين وهي الوردة اليانعة، يا إلهي لكم بكيت سائدة، لكم ندبت شعرها الأسود الطويل، لكم غمرتها مغرقا فمها بالقبل، آه يا أحلامي المكسورة، حتى أني بت أرفض الاستيقاظ. لقد مر وقت طويل على هذه الحكاية الحزينة حتى النخاع، لقد زودني ديني بالصبر والحمد لله، فأنا مؤمن ولطالما تشجعت، فالكلمة لها وقع رنان، أنا مؤمن، أنا مؤمن، أنا مؤمن، لقد مرنت نفسي على تكرار الكلمة حتى آمنت، آمنت بقلب ورب، ولكن بتلى، كيف لي التطهر من بتلى، ساعدني يا الله فأنا لم أعد أقوى على العفة.

لم تقل لي اسمك يا أمير، فترتعش بتلى لبرهة وتكمل بنعومة الحرير، تريدني أن أخمن؟ لا عليك يا أميرتي هند فاسمي جلال، رهيبة لعبة الأسماء وانتقائها، لكم كنت عبقريا بتركيبها يقول فاضل لنفسه، فأنا حين طلب مني الأستاذ الاهتمام

بتفاصيل كيفية التنكر، جل ما شغل بالي الأسماء فحذفت من قائمة الأسماء المقترحة كافة الأسماء الحقيقية لرواد بطن الحوت، وكنا نقوم بشطب كل اسم يتم اختياره والأفضلية بالأولوية، من يأتي أولا لديه تشكيلة أوسع من الأسماء ليختارها، كما وطرحنا فكرة الأسماء الإضافية فيما لو رغب أحدهم تقمص شخصيات أخرى بجانب دوره الأساسي في بطن الحوت. نعم أميرتي اسمي جلال، ولن أحرمك من سماع قصتي. لا يهم، لا ضير في الاسم، فأنا وإن كنت ياسر فهذا لن يغير بالأمر، كما وبما أنني لن أخبرها قصتي الحقيقية قط، فلن تتعقد الأمور، من يدري قد تكون زوجتي وأنا لا أعرف، لا، لا يعقل، كيف لي أن أتوه عن زوجتي؟ بلى ولم لا فأنا أرغب بالتوهان عنها، مع أنها جميلة، جميلة جدا زوجتي المسكينة تلك، لطالما آلمتها، ماذا دهاك ياسر, أنت تحبها؟ لطالما ادعيت العكس، لطالما عذبتها ومسحت بكرامتها الأرض واتهمتها زورا وبهتانا، أتحن إليها؟ الآن؟ وأنت في بطن الحوت؟ ما هذا الهراء فلأركز في أميرتي، هند التي أعجبتني واصطفيتها لرفقتي إلى ما لا نهاية، إذنْ ما هي قصتك يا أميري جلال؟ أنا يا هند كنت كبير المهندسين، ولطالما شيدت أبراجا

44

وقصورا، جميل، وماذا حدث؟ إلى أن أصبت بذلك المرض الغريب (الفيروس) الذي يأكل العضلات، لم نكن نسمع عن مثل ذالك المرض من قبل، وكيف لذلك الفيروس الذي لا يكاد يذكر أن يأكل حتى عضلات القلب! لكم عانيت إلى أن تعافيت، فللمرض ميزانيته أيضا، وأنه لم يقتصر يوما على المعاناة، فالتأمين يا عزيزتي لا يغطي إلا الأنفلونزا. لكم ركعت للرب راجيا الشفاء، أنا الذي كنت عربيدا سكيرا، مسكينة يا فريال، لكم استحملت، لكم ألقيت بجم غضبي عليك من داعٍ ومن غير داع! تلك المسكينة لكم تحملت لأجلي، ربما كانت موافقتي على تجربة بطن الحوت نوعا من الامتنان وردّ الجميل، فهي من طلب ذلك، بعد أن دخلت الجمعية العجيبة تلك، كيف استطاعت إقناعي؟ فريال ذات الحجة الدامغة تلك، يا لدهاء النساء، ترى أين هي الآن؟ مع من؟ سعيدة أم مثلي عالقة في الوسط؟ تشجع يا ياسر فهند أميرتك. تقصد المرض الخبيث؟ لا فحتى المرض الخبيث لم يعد خبيثا ووجدت له العلاجات، أما مرضي فكان مستحدثا يا أميرتي، كان نتاج العصر، نتاج التلوث وثقب الأوزون، كما علل لي حينها، لا أدري ربما وجد له علاج الآن، فنحن في بطن الحوت مغيبين،

لا ندري كم مرّ علينا من الوقت هنا، وماذا فعل هذا الوقت بتطور الطب هناك على اليابسة؟ أتعلمين يا هند، بي شعور خفي بعدم الرضا عن هنا وعن هناك، وتجيبه مهدئة من روعه، ربما هي لحظة انفعال ليس إلا، لا تأبه لهذه الاختلاجات السلبية يا أميري، فنحن سعداء هنا، لا تفكر بأبعد من ذلك، لقد فات الأوان أصلا، فنحن في رحلة اللاعودة، لم يعد يجدي نفعا حتى الندم، ويتساءل، ولكن كيف؟ أظنني أستطيع مهاتفة الأستاذ حين شعوري بالقنوط، هذا ما اعتقدته ضمنيا، لم أكن يوما لأصدق بأن الرحلة خالدة، لقد خبأت بعض الأمل باحتمالات التغيير في زوايا قلبي، ألا تعتقدين أننا نستطيع؟ لا تجهد نفسك بالتفكير يا جلال، أنت مشوش الذهن قليلا فلتسترخ وحسب، مجيبة هند بشعور الفنانة المرهف الذي يبتلع ألمه خوفا منه على سلامة الجليس.

46

الجزء السادس:

مهووس الانترنت، يقاطع خلوة جلال وهند، مهووس الانترنت خالد، وهو يصيح بأعلى صوته، مما جعل الحاضرون ينصتون فجأة ويصمتون لوهلة مذهولين خائفين أن خالد ذاك قد أزاح القناع، قرر إنهاء لعبته، قرر الانعتاق, ترى لم فكر الجميع بذلك, ترى هل يرغب الجميع ضمنيّا بذلك؟ هل بدأ الجميع بالشعور بالملل؟ صرخة خالد أربكت الجميع، ضاربين على صدورهم فهم لم يكونوا ليتخيلوا منظر زميل لهم قد يكون زوج أي منهن أن ينتهي هكذا أمام أعينهم تتناتفه أسماك القرش حين يرمى بالبحر. ولكم أدهشهم خالد ذاك بشرحه المفصل وبأعلى صوت عن الأجهزة، أجهزة الصوت وكاميرات التصوير التي ملأت المكان، وكيف أثنى على كل من على متن الحوت، كل من مضى عقدا مكتوبا مختوما ومحفوظا في بنك سري للمعلومات، العقد الذي أقرّ فيه الموقع بأنه يسمح بتصويره في كل حالاته. فكل من هنا لا يأبه لما سيحصل بعده، فهو لن يعود ليقابل أحدا ثانية هناك.

سرعان ما يعود الهدوء وتعود السكينة لبطن القاعة الصاخبة، حين يتأكد الجميع بأن خالد يقوم بدور

ليس إلا، مجرد دور يتقنه، ولم يكن ليفكر بالإفصاح ولم يكن ما أشار إليه إلا ضربا من الهراء أثبته عجزه عن الإجابة على سؤال قام بتوجيهه له أحد الحضور عن كيفية عمل أحد الأجهزة الدقيقة المتخصصة، حين لم ينبس ببنت شفة، واكتفى بشروح حول الموضوع مما أضجر الجميع، ولكن شروحه بدت عائمة أو قد لا تمت له بصلة، مما أكد للموجودين عدم صدق خالد، فلم يكن بينهم من جاهل أم غير مثقف لكي لا يستطيع أن يقرأ ما لم يكتب بين السطور.

في أذنه تهمس ميادة، يا لك من عبقريّ، كيف استطعت خداعهم؟ فأنت من وضع الأجهزة فعلا، أنا أصدقك فأنت فسرت لي وبكل دقة كل شاردة وواردة ، بشكل يقطع أي شك بأنك لست من قام بالتصميم والتركيب حتى، أنا متأكدة. خالد يا لك من داهية، كيف وقعت في غرامك؟

ويعود رائد، من يدعي أنه خالد بالذاكرة، كيف عشق الكمبيوتر لدرجة أدخلته بحالة تشبه النيرفانا، ويبتسم رائد وهو يتذكر كيف قام بعشق تلك الصورة، ذلك الوهم، تلك الشخصية الافتراضية التي تعلق بها عن طريق الانترنت، كيف خدعته،

كيف استطاعت إقناعه بها ؟ لقد عشقها عشقا لم يكن ليتخيل أنه سيحظى به يوما، وهو رجل الأرقام, لم يكن ليثق بها أبدا لولا التجارب التي أوقعها بها والتي أثبتت على الدوام حسن نيتها، إلى أن التقيا.

لم يكن ذلك منذ وقت طويل، وسبب اللقاء كان مناقشة موضوع بطن الحوت، فهو تكبد مصاريف جمة ليراها، ذهب إلى آخر الدنيا واضطر إلى استصدار العديد من تأشيرات الدخول بما فيها الترانزيت، فزمننا شديد الصعوبة على شخص يدعى رائد. أو لست بنادم يا رائد؟ ألا تشتاق جهازك وعزلتك وغرفتك المعتمة، وصور حسناواتك على الحائط؟ لم أكن يوما أسعد، لم أكن يوما بحال أفضل مما أنا عليه اليوم، أنا في الجنة، فميادة هي من اختارها قلبي، هي من اخترتها بالغريزة، دون تأثيرات جانبية، اخترتها كيميائيا، هذا كان شرط الأستاذ لدخولنا الجنة، الصدق في المشاعر.

وترمق ميادة خالد بنظرة ملؤها الحب والشغف، وتتحسر علي أيام خلت، حين كانت تدعى سليمة الشهيرة بسوسو، فهي لم تكن سليمة على الإطلاق

وذلك بسبب خادمتها التي قامت بتسميمها على مر عشر سنوات وبعدة طرق منها العلني ومنها المبطن، وتقول سليمة، كم كان قرارنا راقيا بصرف تلك الدنيا التافهة والتوجه إلى هنا، فالأولاد كبروا ونحن لم نعد نقوى على العيش المشترك، كما وأن مجتمعنا لا يسمح بالتفرقة، فلقد اقتصرت حياتنا مؤخرا على خادمة نارجيلة وعبث، وخالد هو من يناسبني، له ذبذبات مختلفة، مميزة لم أشعر بها من قبل قط. وتهمس ميادة في أذنه، خالد ماذا لو مللنا الأغاني المسجلة مسبقا؟ لا تقولي: ملل ميادة، لا ملل في بطن الحوت، لن تملي أبدا أعدك، فما ستسمعينه لن يخطر على بالك ولا على بال مخلوق، ألا تثقين بي؟ لقد فكرت بذلك قبل قدومنا وأعددت مسبقا وبشكل لا يحمل أدنى شك فرصيدنا من التجديد غير محدود. استمتعي، استرخي هذا كل ما أريده منك، كأسا آخر؟ حبذ خالد فمشروب الحياة هذا يسعدني، متمتمة مع ذاتها، لعله يعيدني بالعمر عشر سنوات على الأقل، رغم علمها المسبق أنها شابة وأن زواجها المبكر هو ما أضحاها على هذا الترهل، ولكن ويا لجمال بطن الحوت الذي يمسح آثار التعاسة والكبر، فهنا لا متسع إلا للشباب الدائم المتجدد إلى الأبد.

ربي ألهمني الصبر، ألهمني النسيان والغفران، أسعدني ومتعني بهذه الرحلة الجميلة التي لطالما استحققتها وحرمتني منها الدنيا بمشاكلها، ربي اكفني شر بطن الحوت ومن في بطن الحوت، ربي إنك أنت الغفور الرحيم، كانت هذه دعوة ميادة الدائمة التي تستفتح بها جلستها وتختمها بها لتبدأ من جديد، إلى أن باتت تشعر ببعض الرتابة والمكننة مما حدا بها لطرح تساؤل مجنون، ماذا لو كنت أنا آلة؟ مجرد آلة تصنع الحب؟! ولكنها سرعان ما تنتفض رافضة الفكرة، أنا إنسان، أنا إنسان، أنا إنسان، أريد أن أحيا، أريد أن أحيا بسعادة. هذا من حقي، من حق نفسي علي أن أدللها، لقد ظلمت كثيرا نفسي المسكينة، أنا أيضا ظلمتها، لم أعرها اهتماما إلى أن انفجرت، تمردت حتى علي، وقادتني هنا، هل يوجد مكان أبعد أهرب إليه؟ الهرب؟ يا إلهي فاتتني فكرة الهرب، أيعقل أننا هاربون ليس إلا؟ ولكن مما وإلامَ؟ هواجس، وهواجس، كأس آخر خالد، أرجوك، أشعر بدوار، اهدئي حبيبتي فهذا طبيعي، لا تنسي نحن في البحر، مجيبا خالد، مهدئا من روعها دون أن يدري السبب، ولكنه بدأ يلحظ شرودها الذي طال هذه المرة.

51

الجزء السابع:

تمايلي، تمايلي غزالي الشارد، أنت شيماء الأبية يا لسحرك، سمرائي الطويلة، تمايلي واغنجي فأنا تواقٌ تواق. وكيف لا فهو سيد الكلام الحلو. وهو الواقف أمام ريم البوادي، تعوم على عوم يو دانة دان اللي دانة. جاءت من قلب الصحراء مفعمة بكل ما في رملها من عشق ووله. شيماء هذه مليكة المليكات، هيفاء الحفلة، نخلة بتمرها الخمري، ووجنتيها التي لم تكن لتشبه إلا قمح تشرين البرونزي. لا ينكر مراد بأنه رأى كل من في بطن الحوت يرمقه بكل ما في الحوت من حسد، ولكن القلب وما يريد، فهو من اختار قلبها! لا تقارن مراد فسيسيليا لم تكن إلا آلة للوظيفة، وظيفة الحب لا الحب نفسه، طبعها القاسي هو ما خرب العلاقة بيننا، لا أنكر حبي لها فلقد عشقتها حتى أخمص قدمي ولكن ما الفائدة الغيرة ذبحتها لا بل ذبحتني أنا أيضا. لم تجرؤ على الإنجاب خوفا على قوامها ابنة الباشاوات تلك، فلطالما حاربت بشراسة لتقنعني بأن الإنجاب ليس بضرورة، نحن أهم، عيشتنا أهم، إلى أن جعلت المتعة فرضا يوميا لا يقوى عليه إلا كل جبار عظيم.

كم سعيد أنا بهجري عشنا الملغوم حبا، المتحجر المشاعر فكل همها تفريغي من الطاقة كي لا أقوى على خيانتها، لم تكن لتعرف قط أن تفريغها لي كان بمثابة تمرين على تجديد الطاقة، وبأن قيودها كانت تبعدني قدر قوتها للجذب. كل قوتها الظاهرة لم تنم سوى على ضعف وطيد يخاوي روحها المعذبة المشوهة عديمة الثقة بالنفس، لا أرغب حتى بتذكر اسمي، فأنا في حِلّ منها على أي حال، أنا مراد لن أعود سامح أبدا، من الآن وصاعدا أنا مراد، يا إلهي كم مضى علينا في بطن الحوت لم أعد أذكر، فلقد شربت عددا لا يستهان به من كؤوس الحياة، وهي قادرة على إحيائي مئة أخريات، كم هو جميل ما نحن عليه هل يعقل؟ يا للمعجزة! لا أرغب بمعرفة أخبارها ولا أتوق لأن أكتشف في حضن من تبيت، سئمتها هذا ما أنا على يقين منه.

شيماء العتيدة، كيف خطرت على بالك تلك الفكرة العجيبة؟ من أين أتيت بكل هذه الجرأة؟ كيف للوصيفة تقمص شخصية أميرتها، وكيف لا؟ فهي قرينتها (صبي العالمة) وما أدراكم ما صبي العالمة، فهي لم توفر رحلة لم ترافقها بها، لم ترحم متجرا راقيا لم تنتق أفضل ما فيه، لم تعفّ عن

مصفف شعر ولا ماكيير إلا وجربته، لقد تعلمت، تعلمت أصول اللعبة لا بل أتقنتها، كل ما كان ينقصها الأصل الرفيع. لا أحب اسم نورية، أنا شيماء، ولن أعود لنورية أبدا، فليحيَ الحوت الذي رفعني، عاش الحوت وعاش مشروب الحياة، وماذا عن حبيبك يا نورية؟ الأمير الذي عشقك سرا وضحى بكل غال ونفيس لأجلك، كيف هان عليك، رميته في أحضان جميلات بحر الحوت. لا يهم لقد مللته فهو ليس من بيئتي على كل حال، لقد أخذ ما شاء مني وأعطاني بالمقابل وهذا كل شيء، أفيقي شيماء، أفيقي من هرائك، لقد تحررت، لقد تحررت، كأسا آخر وتحيين مئة حياة أخرى، كم مضى من الوقت على وجودنا هنا، يا إلهي لم أعد أذكر ربما مئة عام على أقل تقدير فهذا كأسي الرابع وكل كأس يحييك عمرا بحاله، ما أجملها من حياة إلى ما لا نهاية، سهر، سهر، ولا شيء غير السهر. أين أنت يا مليكي، مراد ألا ترغب في سماع قصتي؟ فلقد استمعت لك بكل جوارحي وأنت تسرد لي قصة ذهابك إلى الصين طلبا للعلم، ألا ترغب في معرفة ما خبأته لك من حكايات؟ فأنا كنت حورية بالأصل، وتضحك مختالة غانجة، وتكمل، كنت أميرة يا مولاي، ألا تلحظ حسن

تصرفي؟ ولكني لم أرك من قبل؟ هل كنت منفية أم
ماذا ؟ مراد ممازحا حاضنا شيماء غير آبه بأصل
ولا بفصل، كل ما يهمه عمر السعادة الذي يكاد
يراه يبدأ للتو، مما يثير حفيظة نورية الحشرية
بالأصل، والعاشقة للاكتشاف والتجديد والمغامرة،
وكيف لا وهي من استطاعت الوصول لقصور
الملوك والأمراء، غير آبهة بعشيرة ولا بقبيلة، لا
تنكر نورية حبها لأهلها ولا تنكر في نفس الوقت
تبرؤها منهم حبا بالمال والشهرة، فهم مهما علا
شانهم لن يصبحوا حكاما إلا على أبناء العشيرة
نفسها، أو العشيرة المعادية في أحسن الأحوال،
جراء غزوة موفقة يسطون بها على نوقهم ويسبون
نسائهم، ولن يصبح لديهم قصورا ولا سيارات، وما
حاجتهم بها وهم البدو الرحل، وخيماتهم تغنت بها
الشعراء من براح وسكينة. ولكنها وفي نفس الوقت
تحن أحيانا لسهرات البر تلك، للموقد ورائحة
الجمر، كما ولا تنكر حبها لأكل القوزي مشوية
على الفحم وشرب المرق. كم أنت متوحشة يا
نورية! مهما فعلت ومهما تحولت لشيماء إلا أن
حب الدماء السائلة على الأرض يجري في
عروقك، أنت قبلية يا نورية اعترفي، اعترفي
فمهما وفر لك من مدرسين أجانب أمنهم لك زوجك

الأمير المسكين الذي أتى بحياته لبطن الحوت إجلالا لرغبتك المجنونة، لم تقو على تغيير دمائك، أنت بدوية لا تدعي المدنيّة، مما يشعرها بإحباط يتطلب كأسا جديدا لتغيير المزاج، أنا شيماء، أنا شيماء، أنا شيماء، مرددة بالتمرين ما تريد لعقلها الباطن أن يردده بالتالي.

يسعد مراد طلبها كأسا آخر فهو لم يشبع بعد، يريدها ويريدها ويريدها، ولكن سعيدة متحفزة غير متململة ولا شاكية من التعب من فرط الحب، فيسرع بملء كأسها، بكل ما لجوارحه من رغبة، لتقوم بدوره بارتشافه وبنفس الشبق، أو لربما الوحشية التي لا تقوى على إخفائها مهما فعلت، فهي سيدة الحب، سيدة الشهوة والإغراء، وهذا ما يسعدها حقا، لم تكتمل فرحتها بخاتم ولا بطقم ألماس تلقته هدية على سهرة أغشت عيون الأمير، ما كان يسعدها ليلة الحب المكافأة التي تقدمها ردا للهدية، ليقوم بدوره بتقديم هدية أخرى وهكذا، هذه حياتها شيماء، نورية الأصل.

الجزء الثامن:

كانت الأفكار المشوشة تأكل رأس بسمة حين
تذكرت للحظة حياة الترف والبذخ التي كانت
تعيشها قبل اقتناعها بهذه المغامرة المجنونة بطن
الحوت، فهي بدل الحبيب كان لديها أربعة، وبدل
المنزل ثلاثة وبدل الحفلة الدائمة المملة 100 حفلة
متنوعة قصيرة، كيف استطاعوا إقناعها، كيف
تخلت سارية عن كل ما ملكت، ورضيت بحبيب
واحد وسهرة واحدة وليلة واحدة لا تنتهي، شربت
بسمة كؤوس الحياة مجتمعة لكنها لم تستطع تحسين
مزاجها، فهي أبدا لم ترقها حياة الكهف هذه التي
يدعونها الخلد، ويسألها حبيبها المزعوم فهي
اضطرت على اختياره لدخولها اللعبة، وكان كما
بدا للوهلة الأولى الشخص المطلوب، بسمة ليست
مراهقة، ثلاثينية بخبرات لطالما أشادت بها
وتحدثت عنها، عانت بسمة من اكتئاب جراء الثراء
الفاحش والفراغ، فهي على قدر محبيها كانت تعاني
عزلة وانطواء غير مسبوقين، لم تكن يوما لتبوح
لأحدهم أو لإحداهن فيما يجول في خاطرها، لطالما
فضلت البوح لطبيبها النفسي فهو الوحيد الذي يحفظ
سرها، وتستطيع مقاضاته لو أخلّ بالعهد، فهي

كانت وبشغف تخبره قصص الغرام ولياليها الحمر، لقد أحلت لنفسها أربعا فهي ساوت نفسها بالرجال كما رطبت حياتها ببعض الفتيات الفاتنات فلا ضير من مثليي الجنس، بسمة أدمنت المخدرات، لم تعد المشروبات الكحولية تملأ دماغها المثقل بالمواعيد الغرامية المجهدة فهي لا ترتوي بسهولة وما تحتاجه هو ساعات وساعات من ممارسة الحب العنيف، وكلما كانت تنتهي تعطش أكثر وكأن فيها ظمأ أبدياً لا يرتوي، وبعد أن تنتهي تدخل في حالة اكتئاب هستيرية لا تنتهي إلا بحقنة للمورفين.

كانت يومها تهيم على وجهها أيام خريف في نادي الغولف، حين التقت الأستاذ، ليتها لم تلتق الأستاذ الذي غرر بها، هي التي غررت بمعظم من في المدينة من رجال ونساء. لم تنجب بسمة فزوجها كان عقيما وثريا، وهذا هو الأهم. يا ربى مع من ينام؟ من هي التي ستطيق حضنه البارد؟ لا تكوني حقودة بسمة تمني له حضا جيدا ليوفقك الله، فأنت جئت هنا لتبرئي، لتتطهري من براثن شرورك وانحرافك، فعلا سارية؟ أهذا هو السبب أم أنك أتيت لمغامرة جديدة تكسرين فيها رقما قياسيا جديدا؟ لطالما تهت عن نفسي تقول سارية، لا أفهم ذاتي ولا أجيد تحديد

58

حاجاتي. ما بك حبيبتي، يسألها رياض الحبيب المفترض، ولم تشيحين بوجهك عني؟ ما هذه الدمعة التي تأبى السقوط متحجرة بين المقلة والجفن؟

لم تعد بسمة ترغب باستمرار حقن الحياة ولا حتى اسمها المستعار فهي أسماء ولم تكن يوما بسمة وكيف لها الابتسام وهي من اكتأبت على الدوام؟ لم تجب بسمة على سؤال رياض مما قاده للشرود خارج نطاق قفص الحوت، قفص الحوت اللعين الذي اعتقده مدعاة للسعادة الأبدية، لقد سئمت المنشطات، أشعر بنفسي تورو في سباق للثيران في إسبانيا، مللت ممارسة الحبّ المقيتة، ففتاتي نهمة لا تشبع وأنا لست بالرجل الآلي لي مشاعر وأحاسيس، لست أعمل على الكهرباء، أحتاج لأن أتنفس أكاد أختنق، أين أنت يا ربيعة وفي حضن من تبيتين لياليك؟ وهل حققت سعادتك التي لطالما تمنيتها؟ لكم أفتقدك ولكم أحن لعشنا الصغير قرب البحر، ذلك الشاليه الذي لطالما خبأ لنا أحلى ليالي السمر، لكم أتمنى أن تعود تلك الأيام, يا إلهي ما بالك مخلد؟ كيف انتقيت رياض اسما لم أعد أطيق الاسم أيضا, ما بك مخلد لم كل هذا التشاؤم؟ لا تدعها تنقل إليك عدوى مزاجيتها وجنونها، ولكن كيف لي التأقلم؟

باتت مفروضة علي، لا أستطيع التخلص منها، فهي شريكتي بعهد الحوت؟ وما هو الحوت وما هو العهد؟ من اخترع تلك الكذبة الكبيرة، من قال: إنها شرط، سوف أبحث عن طريقة للخلاص لم أعد أطيق. تخطر على بال مخلد فكرة المصارحة، مع أخذ الحيطة والحذر، فيفكر مليا ثم ينطق بالتالي، لعله يستحوذ على بعض الشفقة من قلب هذه المتحجرة إلا من الحب الضاغط المرهق، لكل قصة نصف آخر، هو النصف الصحيح، وهو الذي لا نعرفه، ولكن هناك من نصادفهم في حياتنا على استعداد لسماع النصف الآخر للقصة بأذن صاغية وحسب، ما زلت أنتظر سماع بقية القصة وبنفس الأذن يقول مخلد لبسمة العابسة المتجهمة مطبقة على فكها من الاعتراف بحرف صادق، فهناك آلات كشف الصدق التي ستصفر بالقاعة كاملة معلنة انكشاف شخصية سارية ورميها في المحيط، لا، لن أبوح بحرف، لن أموت، لا أريد أن أموت، متخذة سارية قرارها بالمكابرة والاستمرار.

يا لك من داهية سارية، كيف استطعت إبقاء الأمر سرا عن زوجك المسكين؟ كيف لم يلحظ متحجر

المشاعر ذاك؟ عقيم؟ لا ينجب؟ حسنا ولكن لم أبقيت عليه؟ لمَ لمْ تفكري بتركه أو هجره؟ لمَ لم تقوي إلا على خيانته؟ أأنت تكرهينه حقا؟ لم تبدين مرتبكة الآن؟ ألأنك خسرته وخسرت من معه، لعلك بدأت تضعين الحق مكانه وتعترفين بجريمتك. لم يقم عقيم كالا بتدليلك، ولكن من يعلم، تقول لنفسها سارية، ربما كان له بسمة هو أيضا ولم اكتشفها قط، لا داعي للندم الآن، فأنا قد اتخذت قراري وانتهى الأمر، جئت هنا طلبا للاستقرار، لم أستطع تحقيق ذلك على اليابسة، هنا لا مجال لتبديل الشريك، لا مجال للتنقل بين الملاهي وبالشوارع المكتظة بفرائسك، أفيقي يا سارية، وكفي عن تعذيب نفسك.

ولكن ذلك البارد عديم الإحساس، كيف لم يلحظ إدماني؟ لا يعقل، أنه شرير، بارد وشرير لا أراه غير ذلك، لكم كرهته وأكرهه، إني أكره الرجال، أكره النساء، حاقدة أنا ولا أريد أن أشفى من حقدي، من غلي على كل من هو أسعد مني، لا أستطيع إلا أن أحقد، ربي لا أقوى على الغفران، أنا حسودة، أنا أنانية ومتملكة، ولكن هذه أنا، لا أقوى على تغيير نفسي، بي رغبة بالتدمير، أريد الخراب وأسعى للدمار الشامل.

الجزء التاسع:

على مقربة من القاعة الكبرى، من مسرح الرقص بوفيهات الطعام وغرف استراحة النساء والرجال، كمنت مطابخ بطن الحوت، لقد جيء بالطباخين ممن هم على قدر عال جدا من الكفاءة والخبرة والسمعة الطيبة بالطبخ والتقديم، الطباخون كانوا مئة من خيرة شباب المطبخ العالمي الذين آمنوا بالقضية واعتبروها إنسانية حقاً، وممن رضوا بالتضحية بمستقبلهم المهني والقدوم مع وفد بطن الحوت إلى قعر المحيط، ليقوموا بخدمتهم والإشراف على تلبية طلباتهم التي لا تنتهي من مقبلات ومأكولات وحلويات لم تخطر على بال مخلوق. لقد آمن هذا الجيش من الطباخين بالقضية إيمانا مطلقا جعلهم يكتبون عقدا ممضيا ومختوما بأنهم لن يتذمروا يوما من العمل 24 ساعة متواصلة لابتكار أشهى وأروع ما تراه عين، فهم إن تعبوا سيقومون بشرب مشروب الحياة، مشروب الطاقة الأبدية، كما وأنهم سيقومون بتنظيم الدوام بشكل يسمح للجميع بالاستمتاع بالحفل الدائم. كما وكان كذلك للنادلين وخادمي الغرف النصيب الأوفر من المشاركة بحفل الحب والزهو القائم،

ففكرة العدالة الاجتماعية طغت على عقد الطباخين بامتياز حينها.

يحصل يوما أن يعجب أحد مشرفي النظافة بإحدى فاتنات بطن الحوت، وهذا وبحكم قانون اللعبة من المسموح به، فساكني بطن الحوت سواسية، لا فضل لعربي على أعجمي إلا بالاستمتاع والشهوة، فلقد قام الأستاذ باختيار النخبة، النخبة في كل شيء بحبهم لأعمالهم، بإتقانهم لأعمالهم، بمصداقيتهم وتفوقهم الدراسي مما يجعلهم فخرا لكل من يعرفهم وليس العكس، فالطباخ كالطبيب كمصفف الشعر كالممرضة كالراقصة، الكل مميزون محبوبون ناجحون بما نقوم به، وهناك متسع من الوقت للرقص، ولا شيء سوى الرقص والحب.

تلك الفاتنة التي اختارت كبير الطباخين حبيبا لها واصطفته من بين الموجودين وحيدة الليلة على البار، تحتسي الشراب وحبيبها يعتني بإعداد الطعام داخلا في مطبخ من مطابخ الحوت المذهلة، مستمتعا فيما يعد من نكهات ولوحات فنية تسكب في طبق للتقديم. لقد وجدت مناز بفرصة تواجدها وحيدة الليلة فرصة لتعيد في ما تبقى من ذاكرتها التي باتت شبه مهترئة بفعل المشروب الحياتي

المنشط شريط ذكريات باتت تشعر بأهميته رغم ما عانته في حينها، تعترف مناز بأنها أحبت كبير الطباخين الحوتي إدوارد، وتعترف بأن فكرة ارتباطها برجل من غير دينها ومن غير بيئتها راقتها كثيرا، لا بل أزاحت عن كاهلها عبء إثبات فروض الطاعة الدائمة التي كانت تقدمها في مجتمع متشدد صحراوي. لقد كان في إدوارد ميزة جميلة ألا وهي الشفافية وعدم الابتذال، لقد حاول نطق العربية، لقد علمته مناز بعض الكلمات التي تحبها واكتفت بمخاطبته بلغته الأجنبية التي تحبها وتتقنها فهي خريجة الجامعات الأجنبية. لم تشعر مناز يوما بما خبأه إدوار في قلبه من ذكريات، لم تحاول أن تسأله ما اسمه من كان ومن ترك خلفه، كما لم تلحظ حيرته وبحثه المتقطع عن شريكته التي وهبها لبطن الحوت عن طيب خاطر. مناز الليلة وعلى غير العادة شعرت برغبة في البحث عن مخلد، مخلد زوجها المسكين مخلد الذي لم يشك بها يوما والذي باتت تحن له دون أن تعلم السبب. تحاول مناز تحليل الموقف فهي الليلة متفرغة للتفكير فإدوارد يطبخ وهي تحتسي المشروب لا شيء آخر تفعله، فرصة مواتية للتفكير الجليل المنطقي المنظم، لعلها تكتشف شيئا جديدا، شيئا يحفزها على

64

الاستمرار، فهي لم تعد تشعر بنفس المتعة كما في بداية الرحلة، رغم كل المشروبات المنشطة والأغاني المستحدثة. أفيقي يا ربيعة، ماذا دهاك مخاطبة نفسها، أو تودين حقا العودة إلى الرجال الكثر الذين عرفتهم، وأنت من جاءت إلى الحوت تطهرا، ولإثبات ابتعادك عن المجون اخترت أجنبيا يقبلك فيما لو عرف سرك يوما! من يكون إدوارد هذا؟، ترى أهو أجنبيّ أم هو وليد الصحراء شبيهي ويدّعي؟ معقول؟ لِمَ لا قد يكون ولد من أم أجنبية وأب عربي ليصبح على هذا النحو، لمَ كل هذا التشويش ربيعة، مناز، لم أعد أعرف من أنا.

يقترب مشرف النظافة مظفر ليستفيد من فترة عمل حبيبته الدكتورة سكينة، حيث أنها تقوم بمعاينة إحداهن لألم في المعدة جراء الإكثار من المنشطات، كما وقد تكون بوادر حمل لم تكن بالحسبان، فلقد وعدهم الأستاذ بأن لا حمل على بطن الحوت، لا إنجاب لأن عوامل الطبيعة لا تسمح بالتكاثر، فأنتم ستكونون في بيئة ليست مجهزة بالأصل لحياة بشرية، هذا ما قاله يومها.

يعرّف مظفر بنفسه للفاتنة مناز التي تسعد بداية بالتحدث إلى الوجه الجديد أم بالأحرى إلى القناع

الجديد الذي استأذن بشرب نخب تعارفهما، رغم أنه يعرف شروط اللعبة، لا للخيانة، لا للغش لا للطعن في الظهر.

عادت لربيعة رغبتها بالتجديد، عاد لها شعورها الجامح بالحاجة التي لا تنتهي لليلة حب تتلوها ليلة تتلوها ليلة، لم تكن لتعلم أن بطن الحوت لم يقو على تغيير طباعها فهي ربيعة، ربيعة ذات الرجال الكثر، هي كذلك خلقت لكي لا ترتوي.

لم يخف مظفر إحساسا بالذنب راوده خلال اعتذار مناز وذهابها لغرفة الراحة بحجة إصلاح ماكياجها، فسكينة رغم أنها دكتورة ومعروفة وذات مركز مرموق إلا أن لديها من التواضع ما يتوجها أميرة على رأس عامل نظافة، رغم كل ما يمتلك من مواهب بالحب وما لديه من جاذبية لا تقاوم وعلم كاف وثقافة لجذب أي فتاة مهما كان مستواها، إلا أن لسكينة مذاقاً آخر، فهي سيدة متكاملة، سيدة بمعنى الكلمة، حتى حين دخلت رحلة الحوت، دخلتها لهدف إنساني فهي شعرت منذ البداية بأنْ لا أحد بإمكانه ضمان صحة الموجودين مهما تم من تأمينات وضمانات لهم. هذا ما أسرت به له بعيدا عن آلات كشف الصدق ذات مرة.

الجزء العاشر:

تحدث المعجزة وتحمل من تدّعي أنها معالي، السيدة الموقرة التي تقع في حب مبارك أو ما يدعيه، ولكن كيف يفكر مبارك وهو الذي رافق معالي إلى غرفة الكشف، رافضا تركها متألمة وحيدة، كيف حملت معالي ومبارك عقيم، لطالما حلم بابن يحمل اسمه حين كان على الكرة الأرضية، لطالما رغب بوريث يزيح عنه عبء تلك الثروة الطائلة التي لم تعجب سارية يوما بحجة أنها حرمت الأمومة، لقد زار العديد من الأطباء المشهورين الذين أكدوا له عقمه، هل يعقل؟ لا يمكن لسارية أن ترشي الأطباء كافة! ماذا حدث، هل خانتني معالي أو ما تدعيه مع أحد رواد بطن الحوت؟ لا، لا، لا أعتقد فأنا لم أفارقها لحظة مذ دخلنا السفينة، ماذا سأفعل وأنا ممنوع من الصدق، كيف سأخبر الدكتورة سكينة بأنني عقيم، وبأنني أشك بحمل حبيبتي وبأبوتي لابننا المنتظر، أيعقل بأن مشروب الطاقة ساعدني وقوى قدرتي الجنسية؟ ولكن وماذا سنفعل بهذا الطفل هنا، وكيف لنا أن نتدبر أمر العناية به، فنحن في بيئة غير صالحة للحياة أصلا، كيف سينمو؟ كيف سيكبر،

وكيف سيذهب إلى المدرسة؟ من سيقوم بتعليمه
وكيف سنجد له عملا أو فتاة تشاركه حياته، فنحن
فصلنا الحوت على مقاسنا، لم نفكر بأبعد من ذلك؟
وهل أنا حقا أرغب بالإنجاب من معالي؟ من هي
معالي بالأصل؟ وهل سأعرفها يوما على حقيقتها؟
لطالما حلمت بطفل من رحم سارية، هل ما زلت
أحب سارية؟ هل ستفرح لو علمت بأنني استطعت
الإنجاب؟ ماذا سيكون موقفها؟ كيف ستبرر ذلك؟
هل ستقبله؟ هل ستغفر لي؟ هل سأغفر لها كذبها
وادعاءها وأطبائي بأنني عقيم؟ ولكن كيف؟ لم أعد
أستطيع التفكير.

يتشاور الثلاثة بشأن الطفل، والحمل، وتتوسل
معالي الدكتور سكينة أن يكون الحمل كاذب، هي لا
تريد أطفالا، فهي لا تعرف هذا الرجل، هي لعبة ،
كل ما نحن فيه مجرد لعبة، وهم، لا أريده أبا
لابني، لا أقبل به زوجا لي افهميني دكتورة. يسمع
مبارك كلام معالي دون أدنى انزعاج أو تأثر، فهو
شعر بنفس شعورها، لا بل أكثر فهو عقيم، كيف لها
أن تحمل منه؟ وأين في بطن الحوت؟ لا يريد هذا
الجنين، وإن انتظره حياته كلها، لا يريده، دكتورة

أنقذينا منه، لا نريده، يقول مبارك معلنا إنهاء النقاش، تصرفي دكتور، أنت المسئولة، تصرفي.

وتعود معالي محمولة على كرسي نقال إلى غرفتها مدرجة بدماء لم تكن بالحسبان، فهي أجهضت الطفل المعجزة الذي حملت به رغما عن أنف القدر، ولكن الدكتور سكينة لم تستطع إيقاف النزيف، وعللت ذلك لتواجد المريضة على عمق تحت قعر البحر مما قد أدى ربما، تقول ربما فهي لم تستطع أن تحدد أو تؤكد السبب، ولكنها لم تستطع وقف النزيف، ولقد طلبت منها الراحة بغرفتها وأخذ حبوب وقف النزف تلك.

يلازم مبارك معالي غير آبه بالحفل خارجا، يهون عليها مصابها ويعدها بطفل آخر بعد تحسن ظروفها الصحية، بمكان آخر بعد خروجهما سالمين من هذه القذارة التي تسمى الحوت، ويبدأ بالتفكير في كيفية الخروج من هناك أحياء، ولكن سرعان ما تتدهور حالة معالي لتغيب عن الوعي مما دعاه لمناداة سكينة ولكن بعد فوات الأوان فمعالي ماتت بفعل فيروس التقطته أثناء عملية الكورتاج، هذا ما أفاد به الدكتور رمزي لاحقا ولكن عموما، كيفية التخلص من الجثة أمر بمنتهى السهولة، فسمك

القرش على مرأى من أعين الجميع، والحجة أسهل، لقد أعلنت كشافات الصدق صدق معالي، الخائنة التي حملت من غير حبيبها الذي اعترفت بأن الابن ليس من صلبه وبأنها تعرضت لاغتصاب ذات ليلة، وهي في التواليت على يد أحد مقنعي بطن الحوت. يوم حراسته الليلية حين تركها بمفردها وذهب للتأكد من فعالية عمل محركات السفينة.

يدخل مبارك بحالة اكتئاب شديد بعد رحيل معالي، التي لم يعرف عنها سوى حقيقة واحدة، أنها تعرضت لاغتصاب على متن الحوت أدى إلى انتهائها بفك قرش أمام ناظريه، وبشرع بطن الحوت له الحق باختيار إحداهن لمرافقته ما تبقى من الحفل، شريطة أن ترضى هي بذلك، بعد موافقة شريكها الأساسي، لأن العدد محدود ولا يمكن استنساخ امرأة ولا رجل، وفي تلك الحال ستصبح اللذة جماعية والحب شراكة.

وتمر الأيام أو قد تكون سنين وتتحسن حال مبارك النفسية على يد فاتنة وحيدة رضيت برفقته

وشريكها المتفهم الذي بات يشعر بالملل خفية مما هما عليه من حب دائم، ورأى بفرصة إدخال شريك، فرصة له ربما بالتملص من عهد أخرق، قطعه على نفسه عند دخوله سفينة الموت لا سفينة نوح كما ظنها في البداية.

لا شأن لمبارك بماضي ميادة ولا بشريكه خالد، فهو احتياطي، ووضعه ليس كالباقين، فمن فرط بمحبوبته لأي سبب من الأسباب يستحق بعض العقاب، فهو لم يكن مخولا بسماع قصص خالد وهوسه بالانترنت وبعشقه الرقمي الذي انتهى به تحت الماء بسفينة الغرق المنقذة، ولا يعنيه عدد المرات التي سممت فيها خادمة ميادة سيدتها، هو تخطى إحساس الحزن والفرح، ودخل بمرحلة الخدر، له بماضيه الذي يعرفه، ويعرفه وحده، ولا يريد مشاركته مع أحد، لم يعد يرغب بتذكره أصلا، ماذا لو كان الطفل ابنه حقا؟ ماذا لو لم تستطع معالي البوح له بالحقيقة خوفا من القرش، ها قد ذهبت للقرش برجليها عن سابق اغتصاب وإجهاض.

مرت على مبارك كما مرت على خالد وميادة لحظات نشوة، لحظات لم يعهدها من قبل، لم يكن

71

ليعلم متعة النوم الجماعي ولم يكن يوما لتخطر له هذا الفكرة على أي حال، وهو الذي لطالما أغرم، ولطالما عرف جميلات، لكن له وحده ومعه وحده. مسكينة سارية، لم تعرف يوما بمغامراتي تلك، ولكن أتساءل أحيانا، كيف لامرأة ألا تكتشف خيانة زوجها لها؟ لطالما حيرتني سارية، بوجهها الهادئ الذي لطالما أخفى ما لم استطع كشفه يوما، ترى سعيدة أنت سارية هنا معي في بطن الحوت؟ ولكنه وكما ميادة وخالد، بدا يشعر ببعض الملل، أحيانا لم يكن يقوى على المتعة، ربما لم يكن يريدها حقا في حينها أم أنه لم يكن يشعر بها، لم يعد يستطيع تحديد ماهية شعوره بالضبط، ولكنه غير سعيد.

كما حال مظفر، عامل النظافة أم ما يدعيه، فهو ماهر، ماهر الملياردير زوج حلى، وأب آدم وتمارا، وكم يحن للقائهما، فلقد حاول جاهدا عدم التفكير بهما إلا أن شوقه لولديه يزيد يوما بعد يوم، لا يعنيه شأن حلى، فحلى لطالما كانت متطلبة، متقلبة لا تعرف ماذا تريد، وقد لا تروقها فكرة الهروب من الحوت، هذا إن استطاع التعرف إليها، فهنا لا أحد يبدو كما هو، الكل متنكر لا يعرف نفسه

حتى. فكرة الهروب راودت ماهر أو مظفر كثيرا لدرجة أنه فكر مرة بالاختباء بكيس القمامة ليرمى بالمحيط، لكنه لم يتشجع فهو وإن كان يجيد السباحة لكنه لا يعلم أن كان سينجو، فهو في قعر المحيط ويبعد آلاف الكيلومترات عن سطح الماء.

ويتذكر ماهر كيف أن المهنة الأولى التي عمل بها حين كان طالبا كانت كنس الشوارع كعمل تطوعي، حيث إنه لم يكن يوما من طبقة فقيرة، إنما اهتمامه بالحياة الكشفية أيام الدراسة كان من دواعي سروره، حيث كان ينقله لمكان آخر، خارج العائلة الثرية والترف المفرط. فهو لطالما شعر برغبة بالتجديد، الملل كان هاجسه الأكبر مذ شب على الدنيا حتى بعد أن تزوج بحلى ملكة جمال لبنان أو ما كان يهيأ له في حينها، فلقد رأى على متن الحوت هذه من هن أكثر جمالا بمئات المرات ممن فقن حلى بمفاتن الأنوثة وذكاء المرأة. لكن النساء لم تعد سببا كافيا لإبقائه داخل هذه القمقم، هو يفضل جمع نفايات بيروت والضواحي على أن يظل هناك، على أن يخرج حيا من هنا، يرغب برؤية ولديه، يريد الذهاب إلى السوليدار، يريد العودة إلى شقته، ليتمكن من النوم، هو لم يذق طعمه مذ جاء

إلى هنا، فهذا المشروب العجيب يبقيه يقظا وإن نام، يكاد يجن، لم يعد يحتمل. يجب أن أخرج من هنا، وأن أخرج حيا، لأجل ولديّ، أريد الحياة واحتاجها، يتخذ قراره ماهر، وسيجد الطريقة مهما كلفه الأمر، ولكن كيف، والكل ثري لا يحتاج للرشوة؟ ما هي نقاط قوتي وما هي نقاط ضعفهم، كيف سأشتريهم، كيف سأقنعهم بضرورة العودة؟

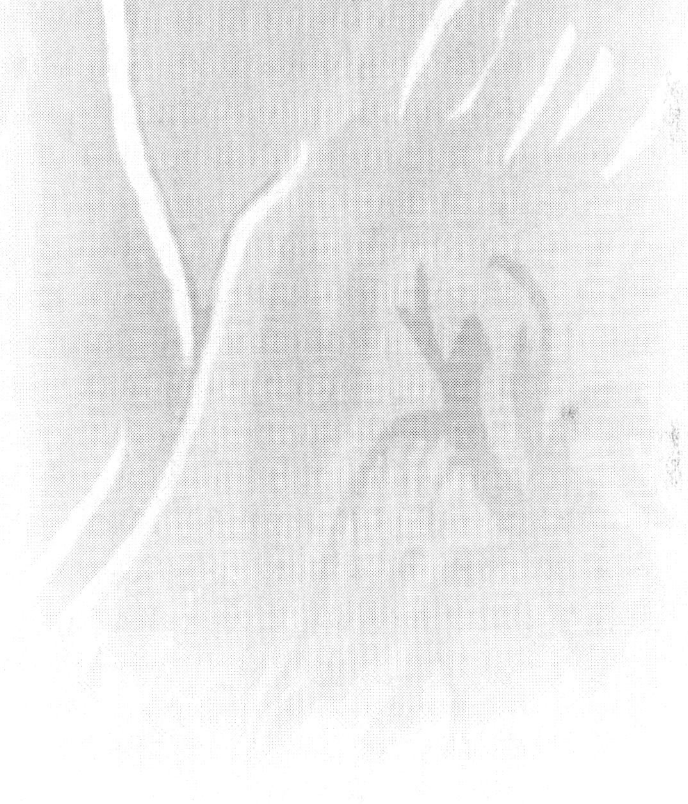

الجزء الحادي عشر:

كان لنورية هواية الطبخ، ولها سرها الصغير، فهي
تحب الكمي، أو ما يسمى بالفقع في الجزيرة
العربية، نبات كالفطر ينبت بالصحراء بعد كل شتاء
فنتاجه مرتبط بالبرق والرعد، كما وكان لنورية أو
من تدعي أنها شيماء هواية أخرى، ألا وهي حبّ
ممارسة الحب في المطبخ، نعم هي تعترف لنفسها
بأنها تخجل من هوايتها تلك، لكنها اعتادت
الموضوع، ربما لكونها وصيفة لشيماء الحقيقية،
شيماء الأميرة التي استمرت بتسميمها على مدى
سنوات لتحوز بزوجها الأمير، ولكن وبعد وفاة
شيماء اكتشفت بأن الأمير على علاقة بفتاة أخرى،
ولن يكون لها أبدا لا قبل ولا بعد، مما حدا بنورية
لمغادرة القصر والادعاء والتمثيل لدرجة أنها
أقنعت الشيخ مشعل، الغني، المتنفذ بأنها الأميرة
شيماء التي اضطرت للادعاء بأنها متوفاة، ليتسنى
لها الهرب من ظلم القبيلة، وإن كانت في قصر. إلى
أن أتى رئيس الجمعية الذي انبهر بمستواها الرفيع
الذي حدا به لدعوتها لرحلة اللا عودة هذه، مما حدا
بها بدورها لإقناع زوجها الشيخ مشعل دخول
الرحلة معها، لسر لا يعرفه غيره.

تدخل نورية المطبخ مرات عدة وترقب وعن كثب إدوارد وهو يقطع الخضراوات أو يأمر مساعديه بذلك، ولطالما تلذذت برائحة السمك المشوي قبل تذوقها، لشدة إتقانه لخلط النكهات المضافة، ولطالما افتقدها مراد المتسامح سامح بالأساس ولطالما بررت غيابها بإصلاح مكياجها الذي كان يطول أحيانا لدرجة جعلته يتبعها يوما. لم يكن مراد ليشك بها، وهو الذي هرب من زوجته الغيورة الشكاكة، هو هنا بأمان مع من يحب دون أي تخوف، فالكل هنا ملتزم، محترم ولا مكان للخيانة وبالتالي للشك.

يدخل مراد ليرى إدوارد وشيماء يتبادلان القبل، فيشهق تعجبا لكنه، يمسك لجام غضبه ليكمل الفرجة، شيء ما شده بالمشهد، فهو ملّ من عملية الحب، وسعد بفكرة مشاهدة الحب كما أيام التلفزيون على اليابسة، وللحظة تذكر بأن شيماء ليست سوى وهم، خيال لا وجود لها على اليابسة، هي حورية في بطن الحوت ليس إلا، ينتهي المشهد تلو المشهد إلى أن ينتهي فيلم الحب بين شيماء وإدوارد ويصفق مراد تشجيعا وسعادة على عكس المتوقع، مما استفز شيماء أشد استفزاز أعاد إليها طبيعة نورية الهمجية، فتهرع وبسرعة البرق

بالتقاط أكبر سكاكين الطاهي إدوارد وتشبع مراد ضربا إلى أن ترديه قتيلا والطاهي في ذهول تام بعد أن تحلق حولها كل من كان على مقربة ليشاهد ما حدث.

تثور نورية كوحش، لم يكن أحدا ليتوقع بركانها، وبفعل الجنون والرعب فرضت على الموجودين التكتم التام، فمراد كشفته أجهزة الصدق وهو ليس بأفضل من معالي. ولكن الموضوع لم ينطل على الدكتورة سكينة التي استشارت بدورها الدكتور رمزي، وتساءلت عن مدى صحة ما يحدث، واتفقت معه وبشكل سري على تقصي حقيقة ما جرى، فإن شيئا ما داخلها يقول بأن ثمة خطبا ما في القضية، ولم يكن بعد حادث معالي قد غادر ضميرها الذي ما زال ينبض، فهي رغم توقعها المسبق بإمكانية مواجهة مفاجآت، إلا أنها لم تكن لتتأكد بأن لضغط الماء تأثير على إيقاف النزيف وعدم تجاوبها للعلاج، أو ربما كان تأثير المنشطات ومشروب الحياة، أو أنه مجرد قضاء وقدر، ولن يمنع بطن الحوت القدر المحتوم، مع أنهم أكدوا لها بأن في بطن الحوت لا موت لا حياة، هي حفل دائم ليس إلا. وتكمل الدكتور موبخة نفسها، كم كنت

غبية وسقيمة لا أصدق هذه اللعبة القذرة، يجب أن أفعل شيئا، على إنقاذ من بقي على متن هذا الوحش. تقرر سكينة التحدث إلى مناز لتبحث بمدى صحة العلاقة بينها وبين إدوارد، وتبرر أسئلتها بأنها تحاول دراسة الحياة في بطن الحوت، لتكشف مدى صحة التجربة وكيفية تقويم الاعوجاج فيها، إن وجد. تقوم مناز وبفعل الغيرة والغضب من خيانة إدوارد لها بإبلاغ الدكتورة سكينة بخيانة مظفر الذي جالسها وآنسها طيلة فترة معاينتها لمعالي رحمها الله، وخلال الحوار تفيد مناز بأنها لا تخفي على سكينة سرا أنها استرقت النظر لمشهد الحب القائم بالمطبخ بين إدوارد وشيماء، حيث شعرت باختفائها من الصالة وهي التي لم ترتح لها يوما، لكنني عدت دون الإتيان بأي حركة تثير ريبة مظفر الذي كان ما زال ينتظرني شبه ثمل على البار، تكمل مناز. لم تعلق الدكتور سكينة فكل ما بات يعنيها كيفية الخروج من هذا المأزق الذي قد يؤدي بحياة 998 شخصا فيما لو استمر أكثر، فكما هو واضح فإن الحياة في بطن الحوت بدأت بالتأزم، وفكرة النشوة الدائمة لم تعد تجدي نفعا. أما فيما يخص شيماء فهي لا تستبعد أن يكون لها يد في

78

مقتل إدوارد لاحقا، بحجة الصدق الكاذبة التي باتت ملاذا وحيدا للإجرام في بطن الحوت.

للدكتور رمزي رأي آخر وموقف آخر إنما وعد سكينة بأن يساعدها قدر استطاعته وبأن يبذل ما بوسعه لتوعية الموجودين ومحاولة إيقاظهم من سباتهم العميق ومناقشتهم بفكرة إنهاء الرحلة، فكل شيء وارد، طالما نحن من جاء فمن الطبيعي أن نكون نحن من يقرر أن نعود.

مشكلة رمزي أنه دكتور، طبيب جراح، كل حياته عبارة عن غرفة عمليات وتحديات بمستوى المهنة، فمعظم العمليات التي قام بها نجحت رغم صعوبة الحالة، هو خريج الولايات المتحدة وزاد من علمه التوجه نحو أميركا اللاتينية والطب الصيني.

لا يخفي رمزي ندما على مشاركته برحلة اللا عودة، فهو ورغم حالة الاكتئاب التي مر بها قبل التحاقه ببطن الحوت، إنما حياته السابقة كانت أوسع، أكثر فضاء من سجن الجنة المبتذلة هذه والتي اختارها عن دون إدراك أو وعي، كان إدراكا مشوشا ووعيا غير تام. ومما زاد من اكتئابه اكتشافه لمصرع معالي، سناء زوجته التي ما زال

يكن لها الحب الذي تزوج بها على أساسه، رغم ضياع قصته معها بمتاهات خيانات وخلافات عائلية كان يمكن تلافيها، لو فكر رمزي يوما بأن الحال سينتهي بها بفك قرش على اسم معالي، وبه منقذا لما لا يمكن إنقاذه من أرواح جاءت لكي لا تعود، ماذا لو رفض القاطنون العودة، ماذا سيحل بنا جميعا بعد عودتنا؟ كم من الوقت مضى ومن سنجد هناك بانتظارنا؟ كيف سنبدو؟ هل هرمنا، هل متنا ومن ثم أحيينا؟ ماذا حل بنا بالضبط؟ لن نعرف طالما بقينا هنا، ولكنني أريد العودة، أنا واثق أريد العودة، هذا ما قرره رمزي بينه وبين ذاته، حتى لو لم يعد معه أحد. يا إلهي كم هو مؤلم أن ترى من تحب ينتحر أمام ناظريك! هذا ما حل بمعالي، فهو عرف من السجلات الطبية أن معالي حملت وأجهضت بقرارها التام رغم معرفتها بخطورة قراراها، وهو تأكد بأنها سناء، فشروط لعبة القرش هي الإشهار عن الاسم الحقيقي للمتوفى. ماذا لو جاءت زوجة إدوارد أي المغدور إدوارد وسألت من يكون؟ ماذا لو عرفت زوجته بأن المغدور هو روزاريو، من أم أجنبية وأب عربي، ذاق الأمرين من التمييز العنصري بسبب لون بشرته، واتهامه بعدم انتمائه للإسلام، ماذا لو تجرأت زوجته أيا

كانت على الكشف عن هويتها لقاء إقامة جنازة لزوجها روزاريو تليق بحياة لم تخلُ يوما من جمال وآداب التعامل، لم تجد مثيلها حتى في بطن الحوت، ممن يدعون الكمال والجمال؟ لكن زوجة روزاريو المجهولة لم تأت، لم تكشف عن هويتها ولم يعرف أحد من تكون، وكيف لها ذلك وهي على علم تام بنهايتها المحتومة، فيما لو باحت بالسر، مما لا شك فيه أنها قد تعرفت إليه، أو إلى أشلائه وهو يتمزق على مرأى من ناظريها، وإن لم تعرفه، فهي لم تعرفه يوما، يقول رمزي.

يبقى الفضول سيد الموقف ورمزي يتوسم خيرا بقدوم تلك السيدة والإفصاح عن شخصيتها، قد تكون كريمة ونبيلة وتقتنع بفكرة مغادرة الحوت! سوف يبحث بين الوجوه، أو بالأحرى بين الأقنعة، سيبحث عمن تثير حفيظته، من يدري ربما يقول ربما يجد بعض ملامح ولو مخفية لسيدة حزينة لمصرع زوجها المسكين ولو كان خائنا داخل بطن الحوت.

يناقش رمزي فكرة البحث عن زوجة إدوارد مع الدكتورة سكينة وتوافقه الرأي بأن فكرة إقناع

زوجة المغدور قد تساعد في زيادة عدد المقتنعين بضرورة المغادرة، لا بد أن مشهد زوجها قد أثر فيها، حرك في قلبها بعض الأحاسيس البشرية التي باتت شبه مفقودة أم مخدرة على أحسن وجه، في بطن الشؤم هذا، ولكن كيف لهما الوصول إليها.

وبعد طرح عدة أفكار لجذب السيدة المستهدفة، يتفق الطرفان من الإفادة من النظريات العلمية في كشف شخصية السيدة، ويقرران استخدام أجهزة الصدق لصالح الموضوع، فتقوم الدكتورة سكينة بالإعلان عن كشف إلزامي للسيدات الموجودات في بطن الخلد للتأكد من صحتهن وإبعاد شبح سرطان الثدي الذي قد يهدد حياتهن دون أن يشعرن.

وتبدأ عملية فحص السيدات وتبدأ الحوارات الجانبية بعيدا عن كشافات الصدق، إلى أن تفصح إحداهن عن ألم شديد بالمعدة وكبت لمشاعر تبدو حزينة، إلى أن يثبت حزن الزوجة على زوجها وتعترف رائدة لسكينة بأنها زوجة روزاريو غير أبهة بموت ولا بكشافات صدق، فهي وبعد أن شاهدت زوجها يتلاشى بين فكي القرش لم تعد ترى للحياة من معنى ولا مبررا لوجودها في هذه المقبرة المزركشة عديمة الرحمة، بمن فيها من وحوش

كاسرة لا شأن لهم بالإنسانية، ولا يمتّون لها بأدنى صلة، أشخاص من مال، جاؤوا للمتعة، ماذا ننتظر؟!

تعترف رائدة بندمها على خوض المغامرة وتتفق مع سكينة والدكتور رمزي على البدء بعملية التخطيط لإقناع المتبقين بضرورة الخروج من السفينة، ولكن كيف وهناك من يتربص بكافة ما يدور هناك؟ من أجهزة تنصت، إلى أجهزة كشف الصدق، إلى كم المشروب المستهلك من كل شخص للإبقاء على طاقته سعيدا منتشيا مفعما بالنشاط، لا وقت للحزن في بطن الحوت، هي سعادة تامة كاملة، هذا هو العرف.

تقترح سكينة إدخال مظفر باللعبة، فهي شعرت مؤخرا بأنه بات كثير الشرود قليل الابتسام، وهي وبما أنها حبيبته في بطن الحوت، سوف تعرف كيف تجعله يقتنع، وهو ذو إرادة صلبة وقلب كبير، لن يبوح بالسر، ويوافق الدكتور رمزي ورائدة على ذلك، فتذهب سكينة للقيام بمهمة إقناع مظفر مهما كلفتها عملية الإقناع من عمليات للحب، لم تعد ترغب هي نفسها بها، رغم مشروب اللذة.

ونظرا لما لماهر أو المدعو مظفر من فطنة وحسن
إدارة، وكيف لا وهو مدير الشركات وسلاسل
مطاعم الوجبات السريعة، استعان بشريط
الذكريات، لقد أسعفته ذاكرته الفيلية رغم كل ما
احتساه من مشروب منشط مغيب، لقد تذكر وجه
الشاب خالد حين صاح بالجميع معلنا أنه هو
مسئول الكمبيوتر وهو من يتحكم بأجهزتها، ورغم
أنه عاد ونفى ذلك بحركاته البهلوانية يومها، إلا أن
وجه خالد ولو مقنعا وشى بشيء من الحقيقة وإن لم
تستطع أجهزة الصدق كشفها في حينها، أو ربما
كشفتها ولكنه مسح الدليل، هذا لو كان هو فعلا
مسئول الكمبيوتر، ولكن لا ضير فلنجرب يقترح
ماهر، ليس لدينا ما نخسره فنحن في حكم الموتى.

يتفق الجميع على فكرة ماهر بمحاولة استقطاب
خالد، ولكن يبقى التخوف من رفضه للفكرة، ماذا
سيحدث حينها وكيف لهم اكتفاء شره، فهل سيدعهم
حينها ينفذون أرواحهم؟ هل سيسمح بطرح فكرة
العودة على الجميع وليقرر من يشاء ما يشاء؟ أم أنه
سيدير الدفة ويقبض أكثر فأكثر على زمام الأمور؟
يقترح الدكتور رمزي تخدير خالد، والتعامل

مباشرة مع النزلاء الذابلين، الذين بات يبدو عليهم مظاهر الإرهاق، والقلق وعدم الرضا.

ولكن سكينة تقترح فكرة التأكد أولا من أنه المسؤول وذلك عن طريق كشف طبي مفتعل، تعطل فيه رادارات الصدق لفترة يستطيع فيها الدكتور رمزي والدكتور سكينة من قراءة لغة الجسد، بتوجيه أسئلة مباشرة وغير مباشرة قد تدلهم على أي معلومات إضافية.

أما رائدة فتعرض خدماتها الأنثوية لإنجاح المهمة وتعد بأن تتكفل بالإيقاع بخالد بهدف سحب المعلومات منه إن اقتضى الأمر، فهي وعن تجربة تقول بأن لا كاشف صدق ولا كذب يمنع رجل بحالة حب من البوح لحبيبته بما لا يتخيل أحد البوح به.

وبعد نقاش طويل يتفق الجميع على أن تقنع سكينة خالد بزيارتها بحجة إجراء كشف ضروري على خلايا الدماغ الذي قد يتعرض للتلف من جراء الإرهاق الشديد وكثرة المنشطات وضغط الماء الذي قد يؤثر إيجابا على نمو الخلايا السرطانية.

يقتنع خالد بالفكرة ويذهب للمعاينة ويستطيع كل من سكينة ورمزي التأكد من أنه المسئول عن الأجهزة

وبأنه غير مستعد ولا بحال من الأحوال التخلي عن حلمه الذي تحقق والذي لم يندم يوما على الإعداد له والقيام به بهذا النجاح المنقطع النظير، كما ويبدي عداء شديدا لكل من تسوله نفسه بمجرد التفكير بمغادرة السفينة، أو بالتخطيط لتغيير الخطة.

يلحظ كل من سكينة ورمزي مدى العدائية بشخصية خالد، ومدى حساسيته من موضوع التشاور والتنسيق مع الآخرين، لقد برهن خالد عن حب للسيطرة منقطع النظير فاق كل توقعاتهما، مما جعلهما أكثر حذرا وتوترا، فلقد علما بأن خالد سيقوم بكل ما تسول به نفسه الآمرة بالسوء ليمنع رحلة العودة، رحلة مغادرة بطن الحوت. مما حدا بهما لاتخاذ قرار الاستغناء عن خدماته وعدم انتظار موافقته للبدء في تنفيذ خطة الإقناع، على أن يبقيا على خالد تحت السيطرة والمراقبة الشديدة ليتسنى لهما اتخاذ المناسب لحظة، فقد يكتشف الأمر، فهو عاجلا أم آجلا سيكتشف بطريقة أم بأخرى خطتهما التي يعتبرها خيانة عظمى عقابها الإعدام، أو الانتحار مرغمين بعهد الحوت الذي قطعاه قبل دخولهما هذه اللعبة القذرة.

الجزء الثاني عشر والأخير

وبناء على ما جمعوا من المعلومات يتفق فريق الإنقاذ المشكل من رمزي، سكينة، رائدة وماهر بالتحدث إلى قاطني بطن الحوت كل على انفراد وبخطة محكمة لا تسمح لخالد بكشف الأحاديث الجانبية، ولقد اعتمد الفريق وبشكل كبير على الفريق الطبي المكون من سكينة ورمزي، وجهودهما الجبارة التي بذلت لإقناع القاطنين بأنهم باتوا مرضى وبأنهم سيموتون اختناقا أو اكتئابا أو انتحارا أو نشوة لو بقوا داخل الحوت، وبأن لا جنة فيه ولا خلد، وبأن قانون الحوت يخالف قانون الطبيعة وهذا بحد ذاته سبب كافٍ لفشل التجربة مهما طالت، ولن ينفع الندم حينها، ومن الأجدى التحرك بسرعة والخروج أحياء من السفينة، وبأسرع وقت ممكن، لأن ما يحتسب هنا دقيقة قد يكون سنة على اليابسة.

ولكم واجه الفريق الطبي صدّا لمجرد طرح فكرة الوقت، فالعديد أبدوا تخوفا من العودة، والسؤال الأكثر طرحا كان، ماذا سيحل بنا؟ كيف سنبدو؟ وأي الأخبار سوف نسمع؟ ماذا لو لم يعد أحد ممن

87

عرفنا على قيد الحياة؟ ماذا لو هرم أحفادنا وماتوا بدورهم هم أيضا؟

ورغم كل المحاولات العشقية التي تكفل بها ماهر ورائدة إلا أن العديد من القاطنين فضلوا الإبقاء على الوضع على ما هو عليه، مما أصاب طاقم الإنقاذ بالإحباط الشديد الذي أدى إلى تجرعهم كميات أكبر وأكبر من المشروب المنسي كما أسموه، والاستمرار بالرقص، أو أقله بالاستعراض ، أي ادعاء البهجة والسرور.

يشعر كمال ولوسي بوهن في جسدهما، وعدم رغبة بشيء سوى النوم الذي لم يعرفوه مذ دخلوا وهْم الخلد، ينظم إليهم شيئا فشيئا كل من بسمة ورياض اللذين أبديا اكتئابا لم يسبق له مثيل ورغبة جامحة بالخلاص حتى ولو بالموت، وبعد المباحثات يتفق الأربعة على أن يشكلوا فريقا انتحاريا داعيا لإنهاء حياة بطن الحوت بدعوة الموجودين للتحلي بالشجاعة والإقدام على الانتحار الجماعي، لأن خالد يهدد بقتل كل من تسول له نفسه بالمغادرة، وذلك بعد أن تم إيقاف العمل بأجهزة

الصدق التي سمحت بإيقافها بإمكانية إزاحة الأقنعة وظهور الكل على حقيقته، مما زاد الأمر سوءا فلم يستطع العديد تفهم الواقع المرير والخيانات التي كانت تحدث على مرأى من أعين الجميع وكأنهم كانوا في سبات، وأفاقوا فجأة ليصطدموا بحجم الكارثة.

بينما وعلى إثر التغيرات المذهلة لحالة القاطنين الصحية والنفسية، بدأت الفرق المختلفة بالتشكل، كل فرقة حسب اعتقادها ووجهة نظرها لكيفية حل المسألة، انضم فاضل المدعو جلال مخترع فكرة الأسماء الكاذبة وفكرة التنكر بأقنعة إلى فريق إنهاء الرحلة، ومحاولة الخروج سالمين مؤيدا بذلك فريق الدكتور فوزي، وكذلك بتلى التي أثرت عليه برومانسيتها أو هند كما ظنها سابقا، بينما انضمت سليمة الملقبة بميادة، إلى فريق المنتحرين وتمنت لو قامت خادمتها بقتلها، لكان لها على الأقل شرف الموت شهيدة، وليس انتحارا بفعل الخلد، حيث أنها لم تر أملا بالنجاة أو بالخروج أحياء من الحوت، تحت تهديد خالد الذي تحول إلى وحش بفعل الأنانية المطلقة التي اتسم بها منذ البداية وحب السيطرة، أو

ربما التزاما خارجيا مع أهل الأرض   يفرض عليه إتمام الصفقة، من يدري فكل شيء وارد.

أما سارية، تلك البسمة الخبيثة، زوجة مبارك العقيم فتفضل الانضمام لخالد أو ما بدا منه مؤخرا أنه رائد، رجل الأجهزة، وتختاره سارية بحكم الحب الذي نما في قلبها له، دون تحديد السبب خلال وجودها في بطن الحوت، ربما كانت صفاتهما المشتركة، أو المعاكسة المتناقضة. ربما، وهكذا فهي تقرر وتعلن وعلى الملأ بأنها لن تغادر السفينة إلا مع رائد.

تقرر مروة الجميلة السفر إلى فرنسا مع سام لتحقيق حلمه بعرض لوحاته باللوفر، متخلين معا عن وهم الحوت والياقوت والمرمر، ويتفقا على الانتقال إلى العيش في إيطاليا لمنافسة أعمال دفنشي، كما حلم دوما سام، ولكن القرار شيء والتنفيذ شيء آخر، إنما مروة ليس لديها ما تخسره،، فذلك الزلزال الذي أدى بعائلتها ومن ثم قذفها رهينة في بحر الحوت، حدا بها للمجازفة، فهي اتخذت قرارها بالهرب وسام من بطن الحوت دون استئذان أحد.

90

يخذل القرش حلم مروة بالسفر ويلتقطها من ساقها محاولة الإفلات دون جدوى مما أدى بسام برمي نفسه في وجه القرش دفاعا عن حبيبته التي لم يعد يريد العيش بدونها، مما يؤدي إلى المزيد من الدماء تتناثر على زجاج بطن الحوت، منظر يثير شديد الريبة والرعب بين النزلاء المساكين الذين باتوا يخشون النظر خارجا ويتجنبون الحراك للحفاظ على ما تبقى ليهم من قوة تكاد تكون معدومة، فذاك المشروب كان قاتلا ولكن ببطء، ولكم تمنوا أن يكون سما فتاكا سريع المفعول لينهوا مشهد العذاب الأبدي الذي لم يخطر على بالهم يوما أنه بهذا العنف.

خالد، أو رائد المهووس بالتكنولوجيا يصاب بهستيريا جراء ارتشاف حبات المنوم التي دستها له الدكتورة سكينة في الكأس خلسة، ظنا منها أنه سينام، أو يموت لم يعد يهم، وضميرها المهني دخل ثلاجة لم تكن لتتخيل بأنه سيدخلها يوما. فوجود خالد على قيد الحياة بات مصدر الخطر الأكبر

والانتهاء منه هو الحل الوحيد لخروج البقية سالمين، لكن المنوم وبفعل مشروب اللذة يحدث في رأس رائد تأثيرا آخر، هستيريا أدت به إلى القيام بربط النزلاء وتقييدهم بحبال بمساعدة سارية التي لم تجد معها توسلات زوجها مبارك المسكين لها ولم تؤثر فيها ذكرياتهما معا، تلك التي شرع مبارك بترديدها من دون وعي على مسمع من الجميع دون أدنى مراعاة لحرمة ولا لأصول، فلقد عرف الجميع مواطن اللذة عندها ومفردات الدلع التي يحبها إلى أنواع وأشكال الحب المتنوعة التي قاما بها عن تخطيط مسبق أو بمنتهى العفوية. مما استفزه لدرجة باح بها بعدد المرات التي قام فيها بخياناتها دون أن تلحظ هي الغبية كما ناداها، مما استفزها وحدا بها بدورها للاعتراف بشذوذها بما فيه من نساء ورجال لم يلحظهم يوما، هو الرجل العقيم، الكلمة التي رنت بسمع الدكتورة سكينة التي ظنت يوما أن سيكون لمعالي طفلٌ من صلبه.

ووسط هذه المعمعة، وبفضل الله وبعونه، يتصل خالد وللمرة الأولى بجهات لم تعرفها سارية وربما لن تعرفها مطلقا، مفيدا بأنه قد تم التخلص من الكفار، أولئك أعداء الدين الذين لا رب لهم ولا هم

92

يسعدون، لقد تم قذفهم مكبلين بسلاسل عن انتحار جماعي تم إقناعهم به عن طريق فرق تم تشكيلها سرا، باستثناء بعض الفوضويين الرافضين لقرار الانتحار، الذين اضطررنا لتكبيلهم ورميهم عنوة، كما وتم التأكد من موتهم جميعا بفك القرش، وصلت الرسالة، يجيبه صوت خافت وكأنه قادم من عالم الأموات، أو من كوكب آخر، مما يصيب سارية بحالة جنون ورعب تفقد على أثرها الوعي، وتفيق على رائد يقبلها مكملا بذلك مشهد حب بكامل تفاصيله لم تعرف هي عنه شيئا، فتثور كالمجنونة مسائلة الوحش المدعو خالد عن اغتصابه لها وهي نائمة، معتقدة بأنها تتحدث لآدمي يشبها بالجسد والروح، لتكتشف حينها بأنه مجرد وحش، مسخ ميت الإحساس جرد من كل خلايا دماغه المبرمج على العنف والقتل والإجرام، دماغ لا يرتوي إلا بالدماء ولا يشبع أبدا.

وبعد أن يشبعها ضربا وهي موصدة بسلاسل إلى حائط بجسدها العاري المشوه لشدة التعذيب، تتوسل إليه بكل ما أوتيت من أنوثة أن يمارسا الحب ولو للمرة الأخيرة كما كان بداية تعارفهما، وبعد ذلك فهي مستعدة لحمل راية الجهاد إلى الأبد وللذهاب

معه أينما شاء، وتنجح جهودها بفك أوصدتها وسرعان ما تتلاشى غارقة بدمائها لرصاصة تلقتها من حبيبها رائد الذي فر بقارب كان قد أعده خصيصا لهروبه باللحظة المناسبة، كان ذلك آخر مشهد علق في ذاكرة سارية التي انتقلت إلى رحمة الله يوم .... للهجرة الموافق.............. ميلادية. أو ربما كان على تقويم المايا.

علي الدين الناسك، أسلم روحه للمحيط، أغمض عينيه ونام، حلم بدخول الجنة، وبتلى رسامة اللوحات غفت على حلم جميل فيه شجر كثير وانهار وزقزقة عصافير، وشمس مشرقة وتركت جسدها النحيل يعوم بخفة ريشة حمامة ابتلعت أنفاسها لتصبح سمكة رشيقة إلى أن طفت على السطح، لم تصدق ولم تكن ترغب بالتفكير، أغمضت عينيها ثانية لتنام مطمئنة على سطح الماء، ولم تفق إلا بعد يومين من استلقائها على شاطئ رملي كما اشتهت، كما تركته قرب كوخهما هي وعلي، كم اشتاقت لعلي الدين، وكم تمنت لو ما زال حيا، فهي لم تره في بطن الحوت، ولم تعرف شيئا عن مصيره، أكان من الناجين أم مات غرقا؟ أأكله القرش؟ لا تعلم. كيف لم تهتد إليه، رغم كل ما

جمعهما من حب في السابق؟ وهل سيتعرف إليها الآن؟ هل هو أيضا لم يستطع تمييزها بين النساء هناك داخل جهنم؟ داخل الحوت المقيت؟ كيف أبدو تتساءل بتلى، أريد أن أرى وجهي، كم بلغت من العمر؟ ماذا حل بي؟ أين أنا؟ لست أدري.

لقد تدخلت العناية الإلهية بإنقاذ علي الدين، لقد نجا ولكن بأعجوبة، فهو نفسه لا يعلم كيف نجا، وكل ما يذكره هو استنجاده بالله، ومن القلب، وها هو الآن في مستشفى المينا يعالج من كدمات وفطريات والتهابات جمة كست جسده الهزيل، ولكن الأطباء لم يستطيعوا تحديد ماهية السائل الذي بدا بالمنظار الذي أخضع له، حيث تم رصده في الكبد، كما وأبدو تخوفا من أن يكون الأوان قد فات لتخليص جسده التالف أصلا من بقايا هذا السم الذي ما زال يعتصر في كبده.

يشعر علي الدين باقتراب النهاية، راضيا مرضيا، ولكنه يسترق النظر إلى شاشة كبيرة علقت على الحائط، تقل حجما عن السينما بقليل تشبه ما سمي على دوره "التلفاز"، ويختلس السمع لنشرة كانت تسمى بالأخبار قبل مغادرته اليابسة، ليستمع لخبر نعي من هم على بطن الحوت لفقدان الأمل بوجود

أحياء، وليكتشف بأنه لم يمض على رحلتهم الوهمية هذه أكثر من عام واحد وبأن شركات عالمية كبرى قامت عن سبق رصد وترصد بإرسال النخبة، من المفكرين، المبدعين، المؤمنين والممولين إلى اللا عودة للسطو على ممتلكاتهم. وجاري البحث عن ناجين على شواطئ الجزيرة، كما ولقد وصل عدد المتوفين إلى 700 شخص، منهم 400 رجل و300 امرأة جاري التعرف على هوياتهم من قبل أهاليهم المفجوعين، الذين رفضوا التحدث إلى الصحافة.